하나님의 임재를 즐기는 삶

일상 생활 속에서
하나님과
친밀한 관계를 유지하는 법

잔 존슨

네비게이토 출판사

네비게이토 선교회는
국제적이며 복음적인 기독교 기관이다.
예수 그리스도께서는 자기를 따르는 자들에게
"너희는 가서 모든 족속으로 제자를 삼으라"
(마태복음 28:19)는 지상사명을 주셨다.
네비게이토 선교회는 세계 모든 국가에서
예수 그리스도의 일꾼들을 배가시켜
이 지상사명의 성취를 돕는 것을
근본 목표로 하고 있다.

네비게이토 출판사는
네비게이토 선교회의 문서 선교를 담당하고 있다.
본 출판사에서는 그리스도인의 영적 성장을 돕는
서적과 자료들을 출판하여,
그리스도인의 삶의 기초가 견고한
헌신된 제자로 성장하게 하고,
나아가 성숙한 인격과 지도력을 갖춘
일꾼이 되도록 돕고 있다.

ENJOYING THE PRESENCE OF GOD

JAN JOHNSON

Translated by permission
Title originally published in English as
ENJOYING THE PRESENCE OF GOD
by NavPress, a ministry of The Navigators.
ⓒ1996 by Jan Johnson
Korean Copyright ⓒ1998
by Korea NavPress

차 례

1. 메마른 경건의 시간 / 7
2. 하나님의 임재를 누림 / 15

새로운 시도
3. 생각나면 기도하라 / 29
4. 대화하면서 기도하라 / 39
5. 행동하면서 기도하라 / 49
6. 몸으로 기도하라 / 59
7. 본 것을 기도하라 / 67
8. 마음이 상할 때 기도하라 / 77
9. 괴로울 때 기도하라 / 87
10. 막간(幕間)을 이용하여 기도하라 / 97

지속적인 계발

11. 하나님께 질문하라 / 107
12. 하나님의 꿈을 가지라 / 117
13. 하나님께 귀를 기울이라 / 127
14. 하나님의 시야를 배우라 / 141

문제의 해결

15. 장애물을 제거하라 / 149
16. 두려움을 아뢰라 / 161
17. 하나님의 사랑을 믿으라 / 171
18. 경건의 시간을 새롭게 하라 / 181

맺음말 : 새로운 여행을 시작하면서 / 193

제 1 장
메마른 경건의 시간

나는 굉장한 수준의 경건의 시간을 갖곤 했습니다. 네 부분으로 나뉜 기도 노트를 마치 소중한 골동품처럼 들고는 침대에 앉았습니다. "찬양"이라고 표시된 부분을 펼치고서는 하나님의 성품과 속성을 기록한 40개의 단어 중에서 3개를 택하여 찬양 기도를 했습니다. "자백" 난에 가서는 40가지 종류의 잘못을 기록해 놓은 목록을 죽 훑었습니다. 특히 내가 붉은 줄을 그어 놓은 게으름과 불평하는 태도에 대해 자백 기도를 하였습니다. "감사" 난으로 황급히 넘어가서는 감사할 20가지의 소재를 살펴보았습니다. 친구, 친척, 유익했던 책에 대하여 감사하고, 영적인 사람이 되기 위해 다른 무엇이 아닌 하나님 바로 그분에 대한 감사도 기록하였습니다.

노트 하단에는 도전이 되는 경구를 하나 적어 놓았습니다: "이전에 한 번도 하나님께 감사하지 않았던 내용으로 감사하라."

마지막으로, 종착점으로 여유 있게 들어갑니다. 바로 10년 동안 지속적으로 기도한 기도 제목들입니다. 이전의 학생들, 체중 조절, 선교사 친구들을 위한 기도 제목입니다. 이 부분을 진행하는 데에는 시간이 꽤 걸립니다. 그러나 이 난을 끝내면 하나님과 함께 모든 과정을 끝낸 기분이 듭니다.

그 당시 나의 경건의 시간은 딱딱하고 철저했으며, 상당히 꽉 짜인 구조 속에 진행되었습니다. 성경공부 인도자, 성가대의 유명한 알토, 인생에 어려움을 느끼는 사람들을 돕는 상담가인 나에게 당신은 아마도 이와 같은 경건의 시간을 기대할 것입니다. 나는 행동하는 사람이었습니다. 심지어 하나님과의 관계에서도 마찬가지였습니다.

그 당시 나는 매일 아침 꼬박 꼬박 경건의 시간을 갖고 있었습니다. 그러나 나의 경건의 시간은 메말라 있었습니다. 주님과의 교제가 풍성하지 못했습니다. 주님의 임재를 거의 느끼지 못했습니다. 경건의 시간은 가지면서도 주님을 만나지는 못했습니다. 나는 겉으로는 "영적 전문가"라고 불릴 만했지만, 나의 마음속은 갖가지 분노와 불평이 차 있었습니다. 매일 집에 갇혀 그저 그런 일만 해야 하며, 교회 일은 불가능해 보이는 것들이 많고, 결혼 생활은 점점 메말라 가고 있었기 때문에 마음이 답답하였습니다. 이를 해결하기 위해 나름대로 여러 방법을 시도해 보았지만, 결국에는 공허한 상태에 처하게 되었습니다. 나는 하나님을 간절히 필요로 하게 되었습니다. 그렇게 간절히 하나님을 필요로 한 적이 없을 정도였습니다. 그러나 기도 제목의 대부분은 나의 근심거리로 꽉 차 있었습니다. 기도 노트를 방 한 쪽 구석에 내던지면서 나는 자문하였습니다. "나를 사랑하는 이가 없이 어떻게 이 세상에서 생존할 수 있겠는가? 어떻게 하면 하나님과 긴밀한 관계를 유지하여 어떤 일이 일어나더라도 하나님께서 여전히 나를 사랑하시며 나를 존귀하게 여기신다는 사실을 의심치 않을 수 있겠는가? 별 쓸모 없는 이 기도 제목들을 대체하고, 나의 갈급함을 만족시켜 주실 하나님께 빠지도록 해줄 수 있는 것은 무엇인가?"

사역에서의 위치, 결혼의 안정 등 나의 자아를 지탱하던 버팀목이 넘어질 때, 나는 메마르게 진행하던 경건의 시간 대신에 때로는 신문이나 다른 책을 읽는 데 시간을 들였습니다. 하루 종일 온갖 종류의 음식을 먹으며 피난처를 삼으려 했습니다. 마음 깊이 숨겨 있는 음식에 대한 욕구가 너무 강해지자, 나는 나처럼 "실패한" 다른 사람들을 만나게 되었습니다. 충동적으로 먹기를 좋아하는 사람들이 모여 이를 치료하기 위한 그룹이었습니다. 내가 "정상이다"라고 말하면 그들은 웃음을 터뜨리며 "좋습니다! 그렇다면 당신의 실제 모습은 어떻습니까?"라고 묻습니다. 나는 그리스도인으로서 자존심이 있었는 줄을 몰랐는데, 이런 자존심은 여지없이 깨지고 맙니다.

수년 동안 이 모임에서는 나를 책망하며 진실을 인정하도록 만들었습니다. 즉 내가 내 자신뿐만 아니라 내 주위에 있는 모든 사람들에게 완전함을 요구했다는 것입니다. 나는 "모든 일에 공식(公式)을 만들고, 이 공식을 완벽히 실행하는 데에서 즐거움을 누리는" 바리새인처럼 행동했습니다.

그러나 나는 지극히 높으시고 완전하신 하나님께 나아가 그분께 나의 진정한 모습을 보여 드리기가 어렵다는 것을 알았습니다. 결국 나는 시편을 죽 읽어 나가다가 정직하고 담대한 문장을 발견하고는 위로를 얻었습니다.

> 내가 설 곳이 없는 깊은 수렁에 빠지며 깊은 물에 들어가니 큰물이 내게 넘치나이다. 내가 부르짖음으로 피곤하여 내 목이 마르며 내 하나님을 바람으로 내 눈이 쇠하였나이다.
> (시편 69:2-3)

그 시편 기자만큼이라도 정직했다면, 나는 하나님께 화가 나 있었다고 시인할 수밖에 없었을 것입니다. 내 마음속에서는 "왜 하나님께서는 모든 문제를 해결해서 내가 원하는 대로 나의 삶을 만들어 주지 아니하셨습니까?"라고 하면서 하나님을 원망하고 있었습니다. 나는 하나님을 실망시키는 삶을 살았으며, 하나님도 나를 실망시켰다고 감히 하나님께 말씀드릴 수 있을까? 두려웠지만, 내 마음을 하나님께 담대히 아뢰어 보았습니다. 그러나, 하늘은 무너지지 않았습니다.

나는 여전히 마음이 상했습니다. 그러나 이제는 어느 정도 소망을 갖게 되었습니다. 마치 하나님께서 내가 충족감을 누리고 있는 모든 것을 내게서 다 빼앗아 가시고, 하나님께서 나를 어디로 인도하시든 하나님만을 찾으라고 요구하시는 것처럼 보였습니다. 하나님께서는 나의 삶을 빠른 시간 안에 안정시키기보다는 나의 성품을 새로이 빚기 원하셨습니다. 그 당시에 나는 이를 알지 못했습니다. 그러나 하나님께서는 내가 나가서 성취하는 자가 아니라 "예수 그리스도의 손에 자신을 드리는 자"가 되기를 원하셨습니다.

나는 일평생 동안 지속될지도 모르는 여행을 시작했습니다. 위대하게 되기보다는 하나님의 사랑을 듬뿍 받는 자녀가 되며, 사람들과 환경을 다룰 줄 모르는 나의 연약함을 인정하고 하나님께 모든 것을 맡길 줄 아는 사람이 되는 여행입니다. 나는 역할을 바꾸었습니다. 나는 돌아온 탕자처럼 주님께 나아가기로 했고, 열심히 일한 대가를 바란 형이 되지 않기로 했습니다. 아무리 실패를 거듭하더라도 나를 사랑하시는 아버지께로 나아가기로 결심하였습니다.

그러나 "성취 지향적인 삶"에서 "그리스도를 닮는 삶"으로 나아가는 이 새로운 여정에서, 어떻게 하면 바쁘지 않고, 짜여 있지 않고, 완벽하지 않아도 되는 방법으로 하나님과 새로운 관계를 맺을 수 있겠습니까? 기도 노트를 펴놓고 여러 기도 제목들을 훑어 나가던 나의 이전 기도 방식에 변화를 줄 필요가 있었습니다. 나의 마음속에 있는 복잡한 것들을 다 표현할 수 있으면서도, 꽉 짜여져 있지 않고 좀더 간단한 기도 방식은 없을까? 그게 어떤 것일까? 나는 전적으로 새로운 접근 방식이 필요했습니다. 나는 성취감을 추구하는 다른 방법으로 바꿀 수는 없었습니다.

브라더 로렌스의 생각을 기록한 "하나님의 임재 연습"이라는 책을 읽은 것이 기억났습니다. 이전에는 올림픽 경기 방식으로 진행하던 나의 경건의 시간과 달라 재미있다고만 생각했었습니다. 그런 방식은 너무 수준이 낮아, 나의 경건의 시간에는 어울리지 않는다고 생각했습니다.

나는 꾸미지 않고 있는 그대로 나의 모습을 하나님께 말씀드리는 기도를 실험하기 시작했고, 이렇게 나의 모험은 시작되었습니다. 하나님께서는 하늘 법정에서 실눈을 뜨고 내려다보시며 내가 기도 제목에 있는 사람들의 이름을 빠뜨리지 않고 다 기도하는지를 감독하시는 분이 아닙니다. 하나님께서는 내 옆에 앉아서 내가 이야기하는 것을 적극적으로 들으려 하시며 나를 기다리시고 내게 말씀을 들려주시는 분입니다.

처음에 나는 무엇을 해야 할지 몰라 당황했습니다. 그리고는 스스로 다음과 같은 내용을 되새겼습니다 – "이는 방법이 아니라 관계의 문제다." 경건에 관한 고전들(오랜 세월 동안 검증이 된 경건 서적들)을 더욱 읽어 나가면서 "…해야 한다"는 말로 나를 다그치는 것은 하나님을 알아 가는 데 도움이 되기보다는 방해가 된다는 사실을 알았습니다. 내겐 인내가 필요했습니다. 하나님을 향한 열망은 아무런 수고도 들이지 않은 채, 시간이 지나면 저절로 흘러 넘치는 것은 아니었습니다. 날마다 "예수님과 친밀한 친구 관계"를 개발해 나가면서, 숨기고 싶은 나의 약점과 마음속 깊은 곳에 있는 두려움과 감추어진 꿈을 주님과 나누어야 했습니다.

이러한 부드러운 접근은, 브라더 로렌스가 별로 각광을 받지 않을 때 보여 준 본을 통해 누구나 할 수 있음이 드러나 있었습니다. 본명이 니콜라스 헤르만인 이분은 1666년 파리의 까르멜 수도원에서 일했습니다. 하층민 출신이고 배운 것이 없었기 때문에 그는 궂은 일을 담당하는 종으로 섬겼습니다. 그는 학자가 아니어서 신학적인 논쟁 따위에는 관심이 없었습니다. 그는 수도원에서 일했기 때문에 자기를 "하나님의 종들의 종"이라고 불렀습니다. 그는 외모도 별 볼품이 없었고 말도 잘할 줄 모르는 그런 사람이었습니다. 그는 대성당 안에서 예배를 드리는 것보다는 주방에서 더 많은 예배를 드렸습니다. 그는 다음과 같이 기록합니다.

> 아무리 바쁜 때라고 하더라도 내게는 기도 시간과 별 다를 바가 없습니다. 부엌에 있을 때 여러 시끄러운 소리가 나고 여러 사람이 동시에 서로 다른 것을 찾으며 소리를 칠 때에도 나는 마치 무릎을 꿇고 있는 것처럼 고요한 가운데 하나님을 만날 수 있습니다.

국이 부글부글 끓고 있는 가운데 여러 일을 하면서도, 여전히 하나님과의 교제를 즐기고 있는 브라더 로렌스의 모습을 상상할 수 있습니다. 이것이 바로 내가 간절히 바라던 것이었습니다.

나는 여러 노트와 점검 목록을 가지고 영적 생활을 복잡하게 만들었으며, 나름대로의 "영적 표준"을 만들었던 것입니다. 사실 나는 한 가지만이 필요했습니다. 바로 하나님입니다. 경건의 시간이라는 활동 자체를 잘 갖는 것이 나의 목표가 아니라, 하나님이 나의 목표가 되어야 했습니다. 하나님 중심의 삶을 살아야 했던 것입니다. 그리스도인으로서 나는 하나님의 친구가 되는 삶을 살아야지, 의무감 가운데 영적 성숙을 추구하는 삶을 사는 것이 아님을 알게 되었습니다.

하나님의 임재를 즐기는 삶으로 말미암아 나는 하나님께로 가는 조용하고도 실제적인 길을 알게 되었고, 어떤 올바른 수준에 이르러야 한다는 의무감을 피할 수 있었습니다. 나는 하나님께 담대히 기도할 수 있었습니다. 기도는 바로 "전적으로 내 자신이 될 수 있는 곳"으로서 하나님께서 나의 잘못을 받아 주시고, 함께 웃을 수 있는 곳입니다. 나는 너무 영적이고 너무 수준 높고 너무 놀라운 삶을 살려고 수년 동안을 허비했습니다. 브라더 로렌스의 경우를 보면서, 나는 전혀 영적이지 않은 것처럼 보이지만 실제로는 하나님을 더욱 잘 따르는 사람들이 있다는 것을 알게 되었습니다. 그는 기도하기로 정한 시간에, 떠오르는 생각을 버리기도 하고 다시금 그 생각 가운데 빠지기도 하면서 시간을 보내기도 했습니다. 그는 다른 사람들이 하는 것처럼 경건의 시간을 일정한 틀이나 방법으로 제한하지 않았습니다.

✿

수년 동안 나는 경건의 시간에 뭔가를 성취해야 한다는 강박관념이 없이, 하나님 앞에 단순히 그냥 나아갔습니다. 어린아이처럼 하나님 앞에 나아가 그저 하나님의 임재를 즐겼습니다. 새로이 시도한 이 방식을 나는 앞으로도 계속 즐기려고 합니다. 나는 하나님께 다음과 같은 질문을 계속하면서 이런 결심을 하게 되었습니다.

어찌하면 매순간마다 하나님을 저의 삶 속에 모셔들여, 저의 모든 생각과 말과 몸짓과 행동 속에 하나님께서 항상 계시게 하며, 그리하여 항상 하나님의 임재를 느끼고 즐거워하는 삶을 살 수 있겠습니까? 저의 남은 생을 이 질문에 답하기 위한 실험에 드리겠습니다.

본서에는 하나님과 친밀하게 동행하기 위하여 여러 시도를 한 그리스도인들의 이야기가 실려 있습니다. 하나님을 찾고 그분의 임재를 즐기는 삶으로 당신을 초청하고 싶습니다. 그러나 이러이렇게 하면 반드시 성공한다는 식으로 어떤 방법을 처방으로 제시하고 싶지는 않습니다. 나는 당신에게 하나님의 임재를 즐길 수 있는 여러 가능성을 보여 주고 싶습니다. 이를 통해 당신 자신의 방법을 발견할 수 있을 것입니다. 특히 하나님께서 이미 당신의 삶 가운데서 개발하고 계시는 방법을 알 수 있을 것입니다.

묵상과 적용을 위하여

하나님과의 관계를 누리기 위해 당신은 어떤 활동을 하고 있습니까? 만약 "활동"이 당신의 노력을 제대로 묘사한 것이 아니라면 어떤 단어가 어울리겠습니까? 왜 그렇습니까?

"경건의 시간"을 갖는 것에 대해 당신은 어떤 느낌을 갖고 있습니까? 당신은 경건의 시간을 어떻게 갖고 있습니까?

제 2 장
하나님의 임재를 누림

앨리시아는 의자에 앉아 앞에 걸려 있는 회로판을 주시했습니다. 능숙한 솜씨로 극히 미세한 전선을 거의 보이지 않는 구멍 속으로 넣었습니다. 때로 이 전자 공장에서 일하는 것이 지루하기는 하지만 그 가운데서 함께하시는 하나님을 느끼는 것 때문에 재미있게 지내고 있습니다.

차트를 보고, 차트에 나온 모양을 다시 회로판에 복제하는 일을 하면서, 앨리시아는 불과 천 분의 몇 초 사이의 여유를 틈타 가까이에서 일하고 있는 언니를 바라다봅니다. 언니는 남편과 관계가 좋지 않아 근심에 잠겨 있었습니다. 앨리시아는 "제가 도울 것이 있으면 보여 주세요"라고 기도했습니다. 앨리시아는 긍정적인 응답을 받았습니다. 적어도 언니를 위해 계속 기도해 줄 수 있다는 생각을 하자 마음에 안심이 되었습니다.

앨리시아는 다른 일을 시작하면서 하나님께 "제가 일하는 동안 무슨 이야기를 할까요?"라고 물었습니다. 이리 저리 시선을 돌리다가 다른 사람의 자리에 걸려 있는 달력에 눈이 머물렀습니다. 달력에는 "추수할 것은 많되 일꾼은 적으니"라고 기록되어 있었습니다. 그 구절의 의미가 어떤 것인지는 잘 몰랐지만, 앨리시아는 오후 내내 그 구절을 생각하며 보냈습니다. 앨리시아는 시간제로 일하면서 급여를 받고 있었는데, 집에서 사용하는 차의 연료비와 아이들에게 신을 사주기 위해 일하고 있었습니다.

다음날 앨리시아가 세면실로 들어가고 있을 때 최근에 들어온 직원 한 사람이, 앨리시아에게 스페인식 억양이 있다고 놀리던 일단의 여직원들과 함께 걸어가고 있는 것을 보았습니다. 앨리시아는 새로 온 직원이 경망스런 사람들에게 빠져들게 되었다고 생각하며 실망이 되었습니다. 그때 앨리시아는 그 새로운 직원의 손에서 다른 여직원의 손으로 전도지가 건네지는 것을 보았습니다. 그 신입 직원은 그들에게 하나님에 대하여 말하고 있었던 것입니다!

앨리시아는 세면대에 기대어 서서 물로 얼굴을 적시었습니다. "하나님, 바로 이 여자가 제가 기도하고 있었던 일꾼이라고 생각됩니다"라고 말하며 앨리시아는 크게 웃었습니다.

마치 피가 우리 몸을 돌 듯이, 우리는 하루 내내 하나님의 함께하심을 인식하며 살 수 있습니다. 하나님을 인식하는 것은 마치 피와 같아서 몸을 돌면서 영양분과 산소를 보충해 줍니다. 우리는 하나님께 주의를 집중하며 우리에게 말씀하고 계실지도 모른다는 생각을 합니다. 하나님의 임재는 우리의 모든 생활에 스며들기 시작합니다. 생각, 감정, 꿈, 활동, 그리고 순간 순간마다.

하나님의 임재를 경험하는 것은, 하나님과의 교제를 단순한 교회 모임이나, 식사 전 감사 기도나, 매일 삶을 새롭게 하기 위하여 갖는 경건의 시간 이상의 수준으로 이끌어 갑니다. 이런 식으로 하나님과 교제를 유지하면 회로판을 만드는 작업도 예배로 바꿀 수 있는데, 우리가 남은 생애 동안 누구의 발 앞에 앉아 있는가를 알고 있기 때문입니다.

우리가 누구인가를 상기함

하나님의 시야에서 볼 때 하나님의 임재를 즐기는 것은 지극히 자연스런 것입니다. 너무 수준이 높거나 어려운 것이 아닙니다. 하나님께서는 사랑 가운데 자기의 형상을 따라 우리를 만드셨습니다. 하나님께서는 친히 우리의 부모 역할을 하기로 하셨으며, 아담과 하와와 더불어 서늘한 날 함께 산책을 하셨던 것에서 나타나듯이 우리와 친근한 교제를 나누기 원하셨습니다. 하나님께서는 우리를 기뻐하셨고, 우리가 하나님과 긴밀한 교제를 하기 원하셨습니다.

> "자랑하는 자는 이것으로 자랑할지니, 곧 명철하여 나를 아는 것과 나 여호와는 인애와 공평과 정직을 땅에 행하는 자인 줄 깨닫는 것이라. 나는 이 일을 기뻐하노라. 여호와의 말이니라." (예레미야 9:24)

기도는 성취해야 할 일이 아니라, 마르틴 루터가 말했듯이 "하나님의 품에 안기는 것"입니다. 하나님의 임재를 즐기면 우리는 하나님의 무릎에 앉게 되며, 하나님께서는 우리를 기뻐하십니다.

> 너의 하나님 여호와가 너의 가운데 계시니, 그는 구원을 베푸실 전능자시라. 그가 너로 인하여 기쁨을 이기지 못하여

하시며, 너를 잠잠히 사랑하시며, 너로 인하여 즐거이 부르며 기뻐하시리라. (스바냐 3:17)

하나님의 임재를 아는 것은 하나님을 기뻐하는 삶의 일부입니다. 이는 하나님께서 우리에게 명하신 것입니다. "또 여호와를 기뻐하라. 저가 네 마음의 소원을 이루어 주시리로다"(시편 37:4). 너무나도 자주 이 구절은 우리가 원하는 것을 하나님께 얻는 공식으로 사용되곤 합니다. 만약 우리가 하나님을 기뻐하면 하나님께서 우리 마음에 원하는 것을 주신다는 것입니다. 하나님을 기뻐하는 것 자체가 우리 마음의 소원을 채워 줄 수 있다는 가능성은 놓치고 있는 것입니다. 브라더 로렌스는 이런 식으로 말합니다. "우리가 할 일이란 단지 하나님 안에서 우리를 사랑하고 기뻐하는 것입니다."

이런 기쁨은 우리로 영원한 것에 목표를 두게 합니다. 요한계시록에 나타난 대로, 하나님께 경배하며 그분의 임재를 온전히 경험하는 가운데 영원히 함께하는 것입니다. 지금 당장은 우리가 그리스도를 알고 그의 부활의 권능에 참예하는 목표를 갖도록 이끌어 갑니다(빌립보서 3:10 참조). 또한 하나님께서 우리를 사랑하신 그 사랑을 알고 의지하는 삶을 살게 됩니다(요한일서 4:16 참조). 매일 일어나는 바쁜 일 가운데서 하나님과 대화를 주고받음으로써 우리는 자신이 누구이며 무엇을 위해 창조되었는가를 알게 됩니다.

왜 우리는 주저하는가?

늘 하나님의 임재를 경험하는 것이 가능할까 하고 의구심을 갖는 사람도 있을 것입니다. 잠시 생각해 보면, 이는 가능한 일임을 알 수 있습니다. 사도 바울이 우리에게 "무시로 성령 안에서 기도하고"(에베소서 6:18)라고 권면하기 때문입니다. 성경에서 '항상'이라는 단어와 '기도'라는 단어는 종종 같이 나오는 것을 볼 수 있습니다.

> 그리스도 예수의 종인 너희에게서 온 에바브라가 너희에게 문안하니, 저가 '항상' 너희를 위하여 애써 '기도'하여 너희로 하나님의 모든 뜻 가운데서 완전하고 확신 있게 서기를 구하나니. (골로새서 4:12)

> 우리가 너희 무리를 위하여 '항상' 하나님께 감사하고 '기도'할 때에 너희를 말함은. (데살로니가전서 1:2)

> 아무것도 염려하지 말고, 오직 '모든' 일에 '기도와 간구'로 너희 구할 것을 감사함으로 하나님께 아뢰라. (빌립보서 4:6)

바울은 그의 기도의 삶이 지속적인 성격을 띠고 있다는 것을 강조하였습니다. 그는 동역자들이 데살로니가 교인들을 위하여 밤과 낮으로 기도하였다고 말했습니다(데살로니가전서 3:10). 기도는 그들 삶의 "주된 일"이었습니다.

그러나 이것은 우리가 성취할 수 있는 수준을 넘는 것이 아닙니까? 18세기의 진 니콜라스 그라우는 다음과 같이 말합니다. "우리는 말로 하는 기도를 지속적으로 하는 것은 아닙니다. 그러나 우리의 마음은 늘 하나님께 향하여 있습니다. 언제나 하나님께서 말씀하시는 것에 귀를 기울이며, 그분의 거룩한 뜻에 순종할 준비가 되어 있는 것입니다." 저술가 더글라스 스티어는 이에 덧붙여 말합니다. "예를 들어, 한 젊은이가 사랑에 빠졌을 때, 중요한 일을 하고 있다면 매순간마다 자기 여자 친구를 생각할 수는 없을 것입니다. 그러나 여자 친구에 대한 그의 헌신은 그가 하는 모든 일 가운데 강하게 스며들 것이며, 잠시 틈이 생기면 그의 마음은 저절로 자기 여자 친구에게로 향할 것입니다."

게다가 이 일은 우리가 하는 일이 아니라, 하나님께서 우리 안에서 행하시는 것입니다. 이는 하나님의 임재를 성취하는 문제가 아니라, 이미 우리 안에 함께하시는 하나님의 임재에 굴복하는 문제입니다. 이는 단순한 습관에 불과한 것이 아니라, 근본적인 삶의 방식이기 때문입니다. 성에 깃발을 매단 것처럼, 하나님의 임재는 항상 우리 곁에 있는 것이며, 때로는 바람에 휘날리기도 하고, 때로는 가만히 있기도 하지만, 늘 눈에 띠는 것이며, 하나님을 인식하고자 훈련하는 우리의 눈을 벗어나지 않는 것입니다.

이런 시도를 하기 위해서 온화하고 신비한 사람이 되어야 합니까? 아닙니다. 개인의 특성은 중요한 요소가 아닙니다. 앨리시아는 재미있는 장난을 즐기는 사람이며, 자매들 사이에서 농담을 잘 하는 사람입니다. 심지어 나처럼 다 소진(消盡)된 사람도 이런 연습을 할 수 있습니다. 우리의 원대로 되지 않는 사람이나 환경으로 인하여 우리 마음이 애탈 때 이를 하나님께 아뢸 수 있습니다. 이렇게 아뢰는 것은 언제나 우리와 함께하시는 하나님께 우리의 관심을 집중할 수 있도록 도와주는 씨앗이 됩니다. 그리고 하나님의 함께하심이 우리 마음속 깊이 있는 텅빈 곳을 채우기 시작할 때 싹이 트기 시작합니다.

비록 개인의 특성이 중요한 요소는 아니지만 성품은 중요한 요소가 될 수 있습니다. 영적인 성숙은 우리가 성취할 수 있는 것이라고 생각하는 태도를 버리는 것이 필요합니다. 은사, 목표, 그리고 재능뿐만 아니라 우리의 허물, 실패, 그리고 문젯거리도 하나님께 드려야 합니다. 하나님께서는 우리의 결점에도 불구하고 우리를 귀하게 여기시며, 우리의 결점까지도 사용하여 역사하시는 분입니다. 삶을 드리지 않으면, 일 중심의 경건의 시간 대신에 끊임없이 하나님과 대화하는 기도 시간을 확보하는, 또 다른 일을 추구할지도 모릅니다. 성취를 추구하는 태도는 하나님께 대한 굴복으로 바뀌어야 합니다. 그리고 자기에게 초점을 맞추는 대신에 자신을 비우는 일에 열심을 내어야 합니다. 하나님의 임재를 즐기는 것은 우리 자신을 하나님 앞에서 대단한 존재로 보이려는 노력을 중단하고, 하나님을 사랑하며 영원히 하나님을 기뻐하기로 결심하는 것입니다.

당신은 아마도 이것에 대하여, 너무 내향적이며 지나치게 자신에게만 관심을 두는 것이 아닌가 하는 생각을 할지도 모르겠습니다. 그렇지만 하나님의 임재를 지속적으로 깨닫기 위한 노력은 사람들로 하여금 자기 자신보다는 다른 사람들에게 관심을 돌리도록 이끌어 갑니다. 세상을 보는 시야가 달라지게 하며, 우리가 온전히 자신을 비우고 섬길 수 있도록 이끌어 줍니다. 그리고 하나님께서 우리 안에서 영광을 받으시며, 우리는 하나님 안에서 가장 큰 만족과 평안을 누리게 됩니다.

하나님과 지속적으로 동행하는 것은 너무나 자연스러운 것이어서 많은 사람들이 이를 미처 깨닫기도 전에 그렇게 하고 있습니다. 차 속에서 깊은 묵상에 잠길 때 생각이 하나님께로 향하지 않습니까? 정원에서 땅을 파다가 하나님의 창조물과 긴밀히 연결되어 있다는 것을 느끼고 기뻐하지 않습니까? 우리 삶의 상당 부분이 이미 하나님과의 교제 가운데 있습니다. 그러나 우리는 이를 알지 못합니다. 우리는 마치 잠자는 숲속의 공주와 같습니다. 왕자님이 오셔서 키스를 해주셨지만 우리는 일어나지 않고 있습니다.

아마도 하나님의 임재를 즐기는 것은 너무 쉽고 단순해서 별로 가치가 없는 것처럼 들릴지도 모르겠습니다. 그리스도인으로 하나님을 기쁘시게 해드리기 위해 많은 시간을 투자하여 열심히 살았다면 그럴지도 모릅니다. 그러나 "하나님께서는 열심히 노력하는 것을 기뻐하시지는 않습니다"라고 오스왈드 챔버스는 말합니다. 이는 예수님께서 기도에 대해 가르치실 때에 어린아이와 같은 태도를 말씀하신 데서 증거를 찾을 수 있습니다. 제자들이 기도(기도하는 법이 아님)를 가르쳐 달라고 했을 때, 주님께서는 어려운 기도의 방법을 제시해 주신 것이 아니라 기도의 본을 보여 주셨습니다. 우리의 위대한 실험도 비슷한 방식으로 시작해야 합니다. 어떻게 하는 것이 올바른가를 걱정하는 대신에 이에 먼저 시도해 보아야 합니다.

그러나 우리는 불안합니다. 무엇을 해야 하는가? 무엇이 정석인가? 제자들이 했던 것처럼 우리도 해야 합니다. 그리스도께 가르쳐 달라고 기도해야 합니다. 하나님과 함께하는 일에 시간을 후히 드리며, 그분의 임재 가운데 만족을 누릴 때 그 관계 가운데에는 평화가 깃들입니다. 하나님을 기쁘시게 하기 위해 꼭 장황한 기도 제목을 가지고 기도하거나 복잡한 기도 노트를 준비할 필요도 없습니다. 이렇게 어떤 방법에 기초하여 영적 삶을 사는 것은, 자기 자신의 방법으로 하나님과 관계를 맺기보다는 다른 사람이 하나님을 따랐던 길을 따르도록 이끌 뿐입니다. 현재 널리 유행하고 있는 경건의 시간 방법이나 성경읽기 방법을 따르면서도, 정작 하나님과 진정한 관계를 맺는 일은 흘려 보낼 수 있습니다. 우리는 진 니콜라스 그라우의 진지한 도전을 받을 필요가 있습니다. "하나님을 사랑하십시오. 그러면 하나님께 항상 말씀드리게 될 것입니다." 도전을 실행에 옮긴 후 어떤 일이 일어나나 살펴보십시오.

하나님의 임재를 연습하는 것에 대한 제한된 견해

항상 하나님을 생각함

이성적 사고(思考)는 영적 성장에서 큰 역할을 차지합니다. 성경에서는 우리의 마음이 새롭게 되는 것에 상당한 강조점을 두고 있습니다(로마서 8:6, 12:2, 고린도전서 2:16). 그러나 하나님의 임재를 기뻐하는 것을 단순히 정신적인 활동으로만 제한시키는 것은 커다란 실수입니다.

합리를 추구하는 서구 문화로 인하여 우리는 영적 성숙이 대부분 지적인 추구라는 생각을 하게 되었습니다. 하나님을 대형 컴퓨터에 비유하고, 우리는 마치 그 컴퓨터에 딸린 개인용 컴퓨터 정도로 생각하는 것입니다. 우리들 가운데 상당수가 정보를 다루는 일을 하고 있습니다. 하루 종일 머리를 써서 분석하고 분류하고 계획하는 일을 합니다. 이런 일을 하고 있기 때문에 우리는 자기도 모르는 사이에 하늘 나라로 향하는 길을 고안해 내려고 합니다. 우리는 끊임없이 새로운 정보를 추구합니다. 하나님에 대해 연구하는 강좌에 가면, 끊이지 않고 하나님 안에 거하는 법에 대한 수많은 아이디어를 들을 수 있습니다.

이러한 마음 태도를 가지면 하나님의 임재를 즐거워하는 것은 오직 교회에서 성경공부를 하며 영적인 생각을 하고 있을 때만 가능하다고 생각합니다. 공상을 하거나 식사를 하거나 스포츠를 하는 등 지적인 추구를 하고 있지 않은 삶의 부분에 있어서 하나님의 임재에 대해 생각하는 것은 이상하고 어찌 보면 웃기는 일처럼 보이기도 합니다. 하나님의 임재에 주의를 기울이는 것은 항상 하나님을 생각하는 것보다 훨씬 더 넓고 깊은 차원을 가진 것입니다. 우리 삶 전체의 일상적인 활동을 포함하는 것입니다. 느끼고, 보고, 듣고, 움직이는 모든 활동들, 예를 들면 정원에 물을 주거나, 배구를 하거나, 해변가에서 산책을 하며 기도를 하고 있을 때를 모두 포함하는 것입니다.

하나님께 대하여 흥분된 감정을 갖는 것

하나님에 대한 새롭고 발전된 통찰력을 추구하는 대신에, 하나님께서 우리에게 흥분된 감정을 주시기를 원하는 사람들도 많이 있습니다. 이들은 "신비한 순간"이 생기지 않을 때 하나님께 불평을 하기까지 합니다. 하나님의 임재를 즐거워하는 것은 물론 감정까지도 포함합니다. 그러나 그 이상임을 알아야 합니다. 이는 "하나님께서 우리 자신보다 우리에게 더 가까이 계신다"는 사실을 알고 살아가는 것입니다.

하나님의 임재를 느끼지 못하는 경우에는 하나님께서 항상 우리와 함께하신다는 것에 대하여 의심을 하는 사람이 있습니다. 그러나, 진리는 바로 이것입니다. 그리스도께서 항상 우리와 함께하시겠다고 약속하셨기 때문에, 하나님께서는 항상 우리와 함께하신다는 것입니다. "볼지어다. 내가 세상 끝날까지 너희와 항상 함께 있으리라 하시니라"(마태복음 28:20). 하나님께서는 동시에 어디에나 계십니다(시편 139:2-7). 이러한 하나님의 임재에 늘 주의를 기울일 때 우리는 하나님을 더욱 자주 발견할 수 있을 것입니다. 그러나 감정적으로 좋은 느낌을 가지려고 노력하는 것은 현명하지 못합니다. 이런 태도를 가지고 있으면 관심이 자기 자신에게만 쏠리게 되며, 하나님의 임재를 깨닫는 가운데 살지 못하기 때문입니다.

　하나님과 대화를 하다 보면 강렬한 감정이 생기는 경우가 있습니다. 그러나 하나님과 사람의 대화는 그런 정도의 감정이 아니라 엄청난 경외감 가운데 이루어진 것을 성경에서 찾아볼 수 있습니다. 모세는 불타는 떨기나무 앞에 섰을 때 필사적으로 자기 자신을 발견하려고 했습니다. 야곱이 주님을 만났을 때에는 격렬한 씨름을 했고, 그는 절뚝거렸습니다. 성경에 나오는 하나님과 사람의 대화는 일상적인 것이었습니다. 하나님과 아브라함은 마치 친구들이 서로 중요한 약속에 대해 거듭해서 말하듯이 언약을 거듭해서 상기하는 대화를 나누었습니다.

　하나님의 임재를 즐거워하는 것에 대해 생각할 때 서구 기독교의 문화적 덫에 빠지지 않도록 주의해야 합니다. 서구 기독교 문화는 다음 두 가지 방식으로만 하나님을 아는 것에 빠져 있기 때문입니다.

* 정보와 사실
* 느낌과 감정

　우리 삶의 모든 영역, 즉 의지와 상상과 직관과 육체와 유머 감각 등에 하나님께서 거하시도록 함으로써 우리는 하나님과의 친밀한 교제를 더욱 쉽게 즐길 수 있습니다. 우리 안에서 일어나는 것과 그것이 만들어 내는 분위기의 상호 작용에 대해 잘 묘사한 말 하나를 소개합니다. "기도는 이성을 가지고 마음 깊숙이 내려가는 것이다. 그리고 거기서 언제나 함께하시고, 모든 것을 보시며, 당신 안에 계시는 주님의 면전에 서는 것이다."

실험하는 사람들

만약 이 모험을 계속하기를 원한다면 당신을 실험하는 사람으로 생각하십시오. 연구하는 사람으로서 당신은, 무언가를 성취하거나 누군가를 기쁘게 하려고 나서는 것이 아니라, 하나님의 임재가 무엇을 의미하는지를 탐구하기 위해 시작하는 것입니다. 이에 대해 쓴 책은 그리 많지 않습니다. 그러므로 방법을 담은 목록이나 방대한 지침 같은 것은 없습니다. 우리는 단지 하나님의 임재를 삶에서 연습할 뿐입니다. 하나님의 임재를 경험하기 위해 여러 시도를 하고 헝클어진 것을 풀며 다시금 노력을 더해 봅니다. 1900년대 초에 필리핀에 선교사로 갔던 프랭크 로바크는 하나님의 임재를 연습하였으며 다음과 같은 경험을 했다고 기록합니다.

> 펜실베이니아행 열차를 타고 있었는데, 호프만의 "소년 예수"라는 그림을 가지고 있는 사람이 보여 잠시 기도하게 되었습니다. 그런데 갑자기 그 사람이 뒤를 돌아보더니 말을 걸었습니다. "세상엔 종교가 더욱 필요해요."
> "선교사이십니까?"라고 내가 물었습니다.
> "아니오, 내 남편은 지휘자입니다."
> "그러면, 종교에 관심이 많은 분이시군요."
> "그렇지도 않아요. 교회에 나가기는 하지만 별로 열심은 없어요."
> "그러면 왜 세상에 종교가 더욱 필요하다고 하셨어요?"
> "잘 모르겠어요. 그냥 얘기를 나누고 싶어서요."
> 이런 일은 우리가 만나는 사람들을 위해 기도할 때마다

자주 일어나는 일입니다. 기도하지 않았다면 이런 일은 일어나지 않았을 것입니다.

하나님과 지속적인 교제를 나누는 실험은 서두른다고 되는 것은 아닙니다. 하나님께서 우리 안에서 역사하시며 우리가 하나님을 재촉할 수는 없기 때문입니다. 우리는 성급히 성취하고자 하는 욕구를 몰아내고 느긋하게 이 실험에 임해야 합니다. 친밀함이란 결코 즉각적으로 형성되는 것이 아님을 알기 때문입니다. 우리는 성령께서 우리 심령에 항상 함께하시도록 하는, 일생에 걸친 여행을 시작하고 있습니다. 이렇게 하면 광야에 만나가 내리듯, 하루 종일 하나님과 함께하는 순간들이 조금씩 매일의 삶을 적실 것입니다.

묵상과 적용을 위하여

당신은 미처 모르고 있지만 이미 하나님의 임재를 삶에서 경험하고 있는 영역이 있는지를 보여 달라고 하나님께 기도하십시오.

———

지루하게 느껴지는 장소가 있으면 한번 생각해 보십시오. 그리고 그곳 가까이에 있는 다른 사람이나 환경에 대해 기도해 보십시오. 예를 들면, 병원에서 검진을 기다리고 있을 때, 그 의사나 병원에서 일하는 사람들 혹은 좋지 않은 소식을 들은 환자들을 위해, 아니면 정확한 검진을 위해서 기도하십시오.

———

잠시 동안 왜 제자들이 예수님께 기도를 가르쳐 달라고 했는지 묵상해 보십시오(누가복음 11:1). 당신의 기도의 동기는 무엇입니까?

제 3 장
생각나면 기도하라

오랫만에 린을 만났습니다. 5년 전에 린은 남편이 도덕적으로 부정하다는 사실이 밝혀진 후 이혼을 했습니다. 그 남편은 큰 교회 사역을 하고 있었지만 이내 참석자들이 줄어들었고, 재정 수입도 곤두박질쳤습니다. "지난 5년 동안 그이는 세 딸을 기르는 나에게 단돈 10달러도 준 적이 없어. 너무 화가 났어. 그래서 나는 이렇게 했어. 그이의 셔츠 한 벌을 들고 해변가 바베큐 장에 가서 걸어 놓고는 토치로 불을 붙였어. 내가 그이를 조금이라도 용서한 것을 기념하기를 원했던 거야."

나는 속으로 "그런 게 용서라구?"라고 생각했습니다.

린은 계속해서 말했습니다. "나는 분노를 조금씩 조금씩 제거하였어. 나는 한순간에 모조리 다 용서할 수는 없다는 것을 알았어. 아마도 예수님께서 일흔 번의 일곱 번이라도 용서하라고 하신 것은 우리가 어떤 사람들에 대해서는 생각할 때마다 용서해야만 하기 때문인 것 같아. 그이가 생각날 때마다 나는 조금씩 용서했어. 결국 나는 그를 상당히 많이 용서할 수 있게 되었어. 그래서 축하를 한 것이지."

"그이가 생각날 때마다 나는 조금씩 용서했어"라는 린의 말을 듣고 나는 하나님의 임재를 누리는 한 가지 길을 생각하게 되었습니다. 누군가를 생각할 때마다 간단한 기도를 하는 것입니다. "그는 정말 지겨운 사람이야!" 혹은 "얼마나 현명한 사람인지 몰라!"라고 하며 그 사람에 대해 평가를 하는 대신에, 그 사람을 위해 기도하는 것입니다. 아마 사도 바울도 그가 만났던 사람들을 생각할 때마다 이와 비슷한 습관을 가졌을 것입니다. "내가 너희를 생각할 때마다 나의 하나님께 감사하며"(빌립보서 1:3)라고 말한 것에서 이를 짐작할 수 있습니다.

"호흡 기도"

하나님과 동행하다 보면, 길이는 짧지만 의미는 깊은 기도문을 반복하여 기도하는 경우가 생기는데, 나는 이것을 "호흡 기도"라 이름을 붙였습니다. 실제 삶에서 이렇게 기도하는 경험을 하는 사람들을 많이 보았는데, 각자 자기 나름대로 이런 기도에 대하여 이름을 붙일 수 있을 것입니다. 하나님과 대화를 하는 가운데서 우리는 "호흡 기도"의 형식을 취할 때도 있습니다. 기다란 기도 제목으로 반복해서 기도하는 일에 힘을 쏟아 부었던 사람들에게, 호흡 기도는 낡아빠지고 유치하게 보이지만, 실제로는 그렇지 않습니다. 호흡 기도는 너무나 간단해서 혁명적이기까지 합니다. 목사이며 교수인 토마스 켈리는 그의 저서 "경건한 약속"에서 호흡 기도에 대해 말합니다. "마음 속으로 하는 기도는 복잡해지지 않습니다. 점점 단순해집니다. …우리는 몇 마디 말을 하며 단순히 시작합니다. 즉각적으로 기도문을 만듭니다. 예를 들면, '주님께만, 오직 주님께만'이라고 하거나, 아니면 시편의 한 구절을 인용하여 '내 영혼이 주를 찾기에 갈급하니이다'라고 기도합니다. 그리고 마음속으로 이를 단순히 반복하면 됩니다."

엘리자베스 가우지의 작품 속에 나오는 인물인 메리 린제이는 하나님께로 나아가는 길을 발견했는데, 다음과 같은 호흡 기도를 더듬거리며 했습니다. "주님의 손에 맡깁니다," "주님, 긍휼히 여기소서," "주님만 사랑합니다." 처음 기도인 "주님의 손에 맡깁니다"는 우리의 두려움이나 걱정, 혹은 바라는 바를 주님께 맡기도록 도와줍니다.

* 수술을 할 예정인데 두렵습니다 – 주님의 손에 맡깁니다.
* 교회가 분열되지 않기를 바랍니다 – 주님의 손에 맡깁니다.
* 나는 그의 사랑을 원하지만 그렇지 못합니다 – 주님의 손에 맡깁니다.

너무 간단합니다. 그러나 하나님과의 관계에서 얼마나 큰 평안을 누릴 수 있는지요. 복잡하게 모든 것을 설명할 필요도 없습니다. 우리는 하나님께서 이미 모든 것을 알고 계시며 이해하신다는 사실을 확신하는 가운데 쉼을 누릴 수 있습니다.

말을 현란하게 꾸미고, 언어의 기교로 사람들을 유혹하는 문화 속에 사는 우리에게는 단순함이 필요합니다. 예수님께서는 장황한 맹세보다는 '예' 아니면 '아니오'를 분명히 말하라고 하셨는데(마태복음 5:33-37), 호흡 기도는 마치 예수님께서 말씀하신 이런 꾸밈없는 접근을 닮았다고 할 수 있습니다.

호흡 기도는 중언부언하는 "공허한 반복"과는 다릅니다. 중언부언하는 기도는 예수님께서 지적하셨듯이 다른 사람들의 주목을 끌기 위하여 장황하고 인상적인 말을 사용하는 것입니다(마태복음 6:7 참조). 호흡 기도는 마음속에서 조용히 내는 소리로서 기도를 거듭할수록 의미가 깊어지는 것입니다. 이 기도를 거듭하면 할수록, 우리의 생각은 새로워지며, 우리의 태도까지 변화될 수 있습니다.

당신은 아마도 호흡 기도를 이미 사용하고 있을 것입니다. 단지 이를 호흡 기도라고 부르지 않았을 뿐입니다. 당신의 생각을 자극할 수 있는 몇 가지 아이디어를 소개합니다.

이 사람의 마음이 하나님을 향하게 하소서. 이 호흡 기도는 하나님의 능력이 기록된 성경 구절을 다시 반복함으로써 동기나 태도를 바꾸어 줍니다(열왕기상 8:58, 시편 119:36, 누가복음 1:17). 관청에서 혹은 완고한 사람을 만나 화가 나려 할 때, 호흡 기도는 그 사람의 삶에 대한 하나님의 뜻에 초점을 맞출 수 있도록 도와줍니다. 때로 나는 다음 내용을 첨가시킵니다. "제 마음을 이 사람에게 향하게 도와주소서." 그 사람의 행동에 대해 예리하게 분석하던 나의 마음을 비우는 기도입니다. 이런 기도는 나의 교만한 태도를 없애 주며, 하나님께서는 대신에 사랑의 태도를 우리 마음에 채워 주십니다.

제가 변화될 필요가 있습니까? 성가신 사람이나 환경은 우리 안에 부족한 성품이 있는지 살펴보라는 신호가 될 수도 있습니다(고린도전서 11:28, 고린도후서 13:5). 우리가 변화할 필요가 있는지를 주님께 여쭘으로써, 우리가 변화해야 하는지 아니면 우리를 성가시게 하는 그 문제를 바꾸어 주실지를 하나님께서 명확하게 보여 주실 때까지, 그 문제를 일단은 마음속에 담고 참아야 합니다.

이런 부정적인 행동을 통해 배우게 하소서. 자기를 공격한다고 생각되는 사람들의 부족함을 발견하고 매달리기보다는, 호흡 기도를 통해 우리를 변화시키기 원하시는 하나님의 의도에 초점을 맞출 수 있게 됩니다. 우리는 이렇게 기도할 수 있습니다. "이 사람의 부정적인 본을 통해 내가 배울 수 있는 것은 무엇입니까? 그의 행동을 통해서 어떤 경계를 받을 수 있습니까?" 습관적으로 이런 호흡 기도를 하면, 하나님을 찾는 사람이 저지르기 쉬운 자기의(自己義)에 빠지는 것을 피할 수 있으며, 우리도 역시 흠이 많은, 배우는 자라는 사실을 상기할 수 있습니다.

주님, 이 사람을 인하여 감사합니다. 우리의 삶에 기여를 한 사람은 우리 생각 가운데 여러 차례 떠오르게 마련이며, 이런 경우 미소를 지으며 감사 기도를 하는 것은 즐거운 호흡 기도가 될 것입니다.

성경을 공부하다 보면 호흡 기도가 새로이 생기는 것을 경험하곤 합니다. 수개월 동안 나는 마태복음 5:17-48을 묵상하며 온유한 마음을 갖는 것이 무엇인지에 대한 실마리를 찾으려고 했습니다. "온유한 마음"이란 말이 바로 호흡 기도가 되었습니다. 이런 식으로 호흡 기도는 하나님의 말씀이 우리 속에서 울리도록 도와주는 귀중한 도구가 됩니다.

호흡 기도를 하나님과 당신 사이에 일어나는, 별 의미 없는 대화라고 비난하는 사람들의 말을 두려워하지 마십시오. 내가 즐겨 하는 호흡 기도 가운데 하나는, 부도가 나 파산 직전에 이른 친구를 구하실 수 있고, 중독 증세가 있는 친구를 낫게 하실 수 있는 하나님의 능력을 상기하는 것인데, 바로 "주님, 제가 믿습니다!"라는 기도입니다. 이는 귀신들린 아들을 구해 달라는 아버지의 "내가 믿나이다. 나의 믿음 없는 것을 도와주소서"(마가복음 9:24)라는 기도를 묵상하다가 나온 것입니다. 그 아버지처럼 나는 믿습니다. 비록 믿음이 충분하지는 않지만, 하나님께서는 나의 믿음 없음을 도우실 것입니다. 믿음이 더 필요할 때, 하나님께 기도하는 것은 정말 흥미롭습니다.

성경에는 호흡 기도가 아니라 오히려 연도(連禱)라고 해야 할 것도 나와 있습니다. 연도는 외운 것을 길게 되뇌는 기도로서, 반복적인 성격이 담겨 있습니다. 최근 업무차 여행을 하는데 일정을 너무 빡빡하게 잡았기 때문에, 늘 하던 대로 하나님의 임재를 즐길 만한 틈이 하나도 나지 않았습니다. 약속을 다 지키기 위해서는 비행기가 정시에 도착하고, 렌터카도 즉시 빌려야 했으며, 도심을 재빨리 빠져나가 수분 안에 다른 모임 장소로 옮겨야 했습니다. 처음 며칠 동안은 신경이 많이 쓰였습니다. 그러나 비행기가 착륙할 때, 나는 이사야 26:3을 통해 쉼을 누리기 시작했습니다. "주께서 심지가 견고한 자를 평강에 평강으로 지키시리니 이는 그가 주를 의뢰함이니이다"(이사야 26:3). 도심 지도에 기록된 작은 글씨들을 읽으며, 나는 다음과 같은 호흡 기도를 통해 하나님의 임재를 경험했습니다. "주님께서 지키시고, 지키시며, 지키소서."

무엇을 기도해야 할지 모를 때

생각나는 사람들을 위해 기도하는 것을 배우기 시작할 때, 어떤 사람들은 우리를 당황스럽게 할지도 모릅니다. 우리는 난처하게 됩니다. 예를 들어, 프랭크 로바크가 기차 안에서 만난 사람을 위해 기도하였듯이, 나도 처음으로 낯선 사람들을 위해 기도하려고 하였는데, 무엇을 기도해야 할지가 생각나지 않았습니다. 가장 간단한 해답은, 하나님께 내가 무엇을 위해 기도하는 게 좋을지를 여쭈어 보는 것입니다. 그러는 동안에 성경 구절로 기도를 할 수도 있습니다. 다음 구절이 시작하는 데 유용합니다.

* 그가 예수님을 알고 주님의 부활의 능력을 알게 하소서(빌립보서 3:10).
* 그가 주님께 합당히 행하게 하소서(골로새서 1:10).
* 주님의 능력으로 그를 능하게 하셔서 기쁨으로 모든 견딤과 오래 참음에 이르게 하소서(골로새서 1:11).
* 그의 사랑을 지식과 모든 총명으로 점점 더 풍성하게 해주소서(빌립보서 1:9).

하나님과 친밀한 교제를 하다 보면, "저럴 수가! 저 사람 왜 저래!"와 같이 부정적인 말, 비판적인 생각, 그리고 옹졸한 비판을 마음속에서 밀어 낼 수 있습니다. 이런 일에서 하나님의 시야에 자신을 맞추는 일은 우리 삶의 한 부분이 되고, 모든 활동과 함께 일어나게 되는데, 이를 통해 우리의 마음은 개인적인 예배당이 됩니다. "나는 이런 설교를 듣고 있을 수가 없어!"라는 생각은 "이 설교를 통해 사람들이 변화되게 하소서"라는 기도로 바뀝니다. 누군가를 생각하는 것은 거룩한 일이 될 수 있습니다.

예를 들어, 나는 뒷마당에 있는 농구 골대를 볼 때마다 마음이 편치 않은 적이 있었습니다. 내 친구 아들이 농구 골대를 너무 세게 잡아 당겨서 골대가 부서졌기 때문입니다. 그 아이는 그냥 웃더니 우리 집 아이에게 "이 골대는 스프링이 달린 게 아닌 모양이지!"라고 말했습니다.

나는 이 아이에게 화가 났습니다. 우리는 농구를 그렇게 많이 하지는 않았지만, 농구를 할 때에는 매우 즐겼기 때문입니다. 나는 농구 골대를 고칠 시간이 없었습니다. 그래서 농구 골대를 볼 때마다 그 아이 생각이 나서 마음이 괴로웠습니다. 나는 분노를 속으로 억누르고 있었습니다. 내가 굴복할 필요가 있었기 때문입니다. 그러나 어떻게 해야 합니까? 그 농구 골대를 볼 때마다 내가 화가 났던 것처럼, 이제부터는 농구 골대를 볼 때마다 그 아이를 위해 기도할 수는 없을까? 이에 대해 생각하고 있던 바로 그때에, 그 아이는 마약 중독 치료 센터에 들어갔습니다. 그 농구 골대를 볼 때마다 그 아이를 생각하는 나의 마음은 깊어 갔고, 그를 위해 기도할 수 있었습니다.

자동적인 반응

나보다 훨씬 앞서 간 분들의 경우를 보면, 하나님의 임재를 아는 것은 점점 자동적인 것으로 변합니다. 사도 바울은 너무나도 자연스럽게 서신서에 기도를 삽입했기 때문에 "기도와 교훈과 감사가 매력적으로 섞였다"는 평을 받습니다. 아무런 신호도 주지 않고 바울은 바로 기도로 들어가는 경우가 많습니다. "그러므로 너희에게 구하노니 너희를 위한 나의 여러 환난에 대하여 낙심치 말라. 이는 너희의 영광이니라. 이러하므로 내가 하늘과 땅에 있는 각 족속에게 이름을 주신 아버지 앞에 무릎을 꿇고 비노니 … 그 영광의 풍성을 따라 그의 성령으로 말미암아 너희 속 사람을 능력으로 강건하게 하옵시며"(에베소서 3:13-16).

누군가 생각날 때마다 우리는 하나님께로 마음을 향할 수 있습니다. 몇 가지 예를 들면 다음과 같습니다.

* 편지의 끝에 "은혜와 평강이 있기를"이라고 기록하면, 편지를 받는 사람을 위해 은혜와 평강이 있기를 기도하는 데 도움이 됩니다. "친구로부터"라고 기록하면, 그 사람을 위해 당신이 진정으

로 친구가 될 수 있도록 해달라는 기도를 할 수 있습니다.
* 교육 정책 중 잘못된 것을 토의하는 회의에 참석하면, 당신이나 혹은 당신이 아는 아이들의 선생님을 성가시게 한 교육위원회 담당자를 위해 기도할 수 있을 것입니다.
* 다른 사람의 사진을 보며 그 사람을 위해 기도할 수 있습니다. 이렇게 하면, 미아를 찾는다는 광고를 실은 우유 팩의 사진과 같이, 잘 모르는 사람의 사진을 보면서도 기도할 수 있습니다.
* 당신이 아는 사람처럼 보이는 누군가를 보면, 당신이 아는 그 사람을 상기하며 기도할 수 있습니다.
* 주유소에서 대금을 지불하거나, 음악 선생님에게 교습비를 지불할 때, 돈을 받는 사람들을 위해 기도할 수 있습니다.

이런 식으로 우리의 삶을 하나님과 나누는 일에 익숙해지면, 별로 중요하지 않아 보이는 순간에도 우리는 하나님으로 충만해질 수 있습니다. 마르틴 루터는 이를 알았기 때문에 다음과 같이 기록합니다. "진정한 그리스도인의 한숨은 기도가 된다." 한숨은 호흡 기도 중에서 가장 짧은 것입니다.

묵상과 적용을 위하여

당신이 이미 사용하고 있는 호흡 기도에는 무엇이 있는지 보여 주시도록 주님께 구하십시오. 성경 구절 중에서 당신이 호흡 기도에 가장 즐겨 사용하는 것은 무엇입니까?

―――――――

당신의 삶에 일어난 일이나 사람들 중에서, 생각은 하지만 한 번도 기도하지는 않은 대상이 있습니까(지역 사회 모임, 직장 동료, 정부 혹은 학교 직원)?

제 4 장
대화하면서 기도하라

나는 목사님께 교회 주보를 집집마다 돌리는 일을 즐거이 하겠다고 했습니다. 그러나 그가 교회 주보를 건네자, 나는 속으로 생각했습니다. "집에 가서 편히 앉아 책이나 읽고 싶다." 내성적이고 수줍어하는 나의 태도가 계속 고개를 내밀었습니다. 그러나 주보를 돌리기로 했기 때문에, 나는 이를 악물고는 발걸음을 재촉하여 첫 번째 집으로 갔습니다.

어린아이를 업은 한 젊은 엄마가 문 앞에 나타났을 때, 나는 무의식중에 아이 엄마를 위해 기도했습니다. 아이 때문에 피곤에 지친 모습을 보고 기도의 동기가 생긴 것 같았습니다. 왜냐하면 나도 아이들이 어렸을 때, 그 아이 엄마처럼 힘들었기 때문입니다.

나는 예배 시간이 인쇄된 주보를 보여 주었습니다. "하나님, 이 아이 엄마에게 인내심을 주소서. 이 작은 주보가 성가신 것이 되지 않도록 하소서"라고 기도했습니다. 교회 이름이 인쇄된 밝은 오렌지색 볼펜을 건네주자, 아이 엄마는 미소를 지었습니다. "얼마나 반짝이는 미소인가? 주님, 아이 엄마에게 나타나소서." 그 집을 떠나면서, 외적으로는 비록 교회 주보와 볼펜을 나누어주는 일이었지만, 내가 만나는 모든 사람에게 하나님의 임재를 드러내는 것이 실제로 해야 할 일임을 깨달았습니다.

  나는 기도해 주는 이 새로운 일을 너무나 즐겼습니다. 그래서 노스리지 지진으로 말미암아 사람들이 모두 떠난 동네에 이르러서는, 잠시 멈추어 이전에 그곳에 살았던 사람들을 위해 기도하였습니다. "주님, 이웃과 함께 사는 것은 놀랍기도 하고 어려운 것이기도 합니다. 그들이 함께 잘 지낼 수 있도록 도와주소서." 집집마다 방문하는 이 일은, 처음에는 지겨운 의무감으로 시작하였지만, 나중에는 흥미진진한 기도 여행이 되었습니다.

  하나님께서 우리 삶에 함께하시는 동반자가 되시면, 다른 사람과 대화할 때 함께 참여하시도록 초청하는 것은 매우 자연스런 일이 됩니다. 프랭크 로바크는 이 경험을 "다른 사람의 눈을 바라보며, 그들의 말을 경청할 때, 끊이지 않고 조용히 하나님과 마음과 마음으로 나누는 대화"라고 하였습니다. 당신은 아마도 이것이 혼란스러운 이중(二重) 대화로 보일 것입니다. 그러나 사실은 그렇지 않습니다. 하나님의 임재를 의식하면, 대화를 나누는 상대방에게 더욱 세심하게 관심을 기울일 수 있게 되며, 상대방을 위해 기도하지 않을 수 없게 됩니다. 우리는 장황한 기도가 아니라, 주님 앞에 그 사람을 "내려놓는" 기도를 하게 됩니다. 이는 복잡한 사고 과정을 거쳐 마음의 초점을 맞추는 것이 아니라, 하나님의 사랑으로 마음 깊숙이 그 사람을 끌어안는 것입니다. 그러면 자동적으로 "한번 보기만 해도 기도할 수밖에 없게 됩니다."

이 사람의 마음을 보여 주소서

예수님께서는 사람들의 마음 깊숙한 곳의 필요에 따라 반응하셨습니다. 회개하는 마음을 가진 사람들에게는, 그들의 잘못에 대해 긍휼히 여기는 태도를 보이셨습니다. 그러나 자기의(自己義)를 가진 사람은 책망하셨습니다. 이렇게 할 수 있었던 열쇠는, 바로 주님께서 사람들의 마음을 읽으실 수 있었기 때문입니다(누가복음 5:22). 이 때문에 우리는 대화를 하면서 "주님, 이 사람의 마음을 보여 주소서"라고 기도하게 됩니다.

사람들의 숨은 동기와 마음이 드러날 때, 하나님께서 그들 안에서 깜짝 놀랄 만한 일을 하고 계신다는 사실을 발견할지도 모릅니다. 만약 "서로 돌아보아 사랑과 선행을 격려하라"는 말씀을 따르려면(히브리서 10:24-25), 우리는 하나님께 다음과 같이 기도해야 합니다. "제가 어떤 모습으로 그들에게 나타나야 합니까? 그들의 필요 가운데 제가 채울 것이 있겠습니까? 그들이 하나님의 뜻을 따르도록 돕는 일에 제가 어떻게 주님과 함께 동역할 수 있겠습니까?"

정상적이기는 하지만 아직은 자기 나름의 생각을 고집하는 십대의 두 아이를 바라볼 때, 나는 "이 아이들의 마음을 보여 주소서"라고 기도합니다. 이렇게 기도하면 그들의 몸짓과 말투에서 더 많은 내용을 읽을 수 있는 실마리를 얻을 수 있습니다. 그들의 친구나 선생님이 해주었던 조언이 떠오르기도 하며, 그들에 대한 관심이 성장하고, "어디서 저렇게 고집이 센 아이들이 생겼지?"라고 생각하고 싶은 유혹을 막을 수 있습니다.

우리가 기대하는 것을 제쳐놓고 그 사람 안에서 역사하시는 하나님을 생각할 때, 우리의 일과 여가 시간에 상당한 변화가 생깁니다.

성가시게 하는 직장 동료는 매일 매일의 목표 성취를 방해하는 존재가 아니라 기도의 대상이 됩니다. 때로 우리는 솔직히 말해서 상대방의 마음을 제대로 보려고도 하지 않는다는 것을 알게 됩니다. 이는 우리가 그 사람을 우리 자신의 목적을 이루는 데 사용하기 때문입니다. 내겐 그런 경험이 있습니다. 수양회 때 함께 시간을 보내며 재미있게 지내던 한 사람이 우리 마을을 방문했을 때, 나와 점심을 함께 하자고 제안하였던 적이 있습니다. 음식점으로 가면서 나는 그녀가 해주었던 재미있는 이야기들을 생각하고는 즐거운 시간을 보낼 것이라는 기대를 잔뜩 하였습니다. 함께 자리에 앉았을 때, 나는 눈을 동그랗게 뜨고는 재미있는 이야기가 시작되기를 기다렸습니다.

그런데 그녀는 내게 질문을 던지기 시작했습니다. 다른 사람들은 하나님을 사랑하는 것 같은데, 왜 나는 그렇지 못한가? 다른 그리스도인 부부들은 잘 지내는 것처럼 보이는데, 왜 우리 부부는 갈등이 그렇게 많은가? 왜 하나님께서는 나를 버리시는 것처럼 보이는가?

나는 이런 질문을 던지는 사람들과 수없이 많은 대화를 했었습니다. 그러나 그날은 내가 알고 있는 사람들 중에서 가장 재미있는 사람과 함께 햇빛이 찬란히 비치는 멋진 음식점에 앉아 있었기 때문에, 그런 질문을 듣고는 실망스럽고 당혹스럽기까지 했습니다. 내가 그녀의 필요를 채우고 싶지 않다는 데에 문제가 있었습니다. 나는 어찌할 바를 모르다가 겨우 다음과 같이 기도를 하였습니다. "주님, 용서하소서." 그리고는 그녀의 말을 경청하면서 또 다시 기도했습니다. "이 사람의 마음에 있는 것을 알기 원하는 마음을 주소서!" 하나님과의 이런 마음속의 대화를 통해, 눈물이 나도록 웃고 싶었던 순간을 놓친 데 대한 작은 실망감에서 벗어나, 다시금 마음을 추스를 수 있었습니다.

마지막으로 나는 하나님께 이런 기도를 했습니다. "주님, 제가 어떻게 해야 할지 보여 주소서." 나는 수년 동안 격려를 잘하는 사람이란 소리를 들었습니다. 그러나 그날 그 음식점에서는 어떻게 시작해야 할지를 몰랐습니다. "주님께서 제게 가르쳐 주신 바를 기억할 수 있게 도와주소서." 아, 그렇지. 나는 질문을 잘 던지지. 그래서 나는 질문을 던지기 시작했습니다. "주님, 그녀의 삶에 방해물이 무엇인지를 보여 주소서. 주님을 그녀에게 나타내소서." 더 이상 실망하지 않아도 되었습니다. 나는 그녀가 그렇게 솔직하게 마음을 털어놓을 대상이 된다는 사실 때문에 마음에 큰 자부심을 느꼈던 것입니다.

하나님께서 기적을 행하시도록 하라

다른 사람들과 대화를 나누면서 동시에 그들을 위해 의식적으로 기도하기 시작한 것은, 우리 집 현관에 이단에 속한 두 사람이 찾아왔을 때가 처음이었습니다. 이전에 한 그리스도인에게서 이단에 속한 사람들에게 들려줄 수 있는 핵심적인 진리를 들은 적이 있었는데, 수년 동안 나는 이를 성실하게 실행했습니다.

그러나 우리 집에 찾아온 그 사람들은 그들 지도자에게서 교육을 받았기 때문에, 내가 보여주는 것을 전혀 보려고 하지 않았습니다. 그래서 나는 이런 대화가 어떤 유익이 있을까 생각하기 시작했습니다. 그날 현관에 서서 나는 내가 마지막으로 할 수 있는 일이, 그들을 위해 기도하는 일이라 생각했습니다. 그런데 무엇으로 기도해야 하나?

나는 이전에 이단에 빠졌던 한 사람을 알고 있습니다. 그는 지식적으로는 그 집단을 떠나야 한다는 것을 알고는 있었지만, 가족과 친구들을 잃을까 두려워서 떠나지 못했다고 했습니다. 그래서 나는 내게 찾아온 사람들을 위해서 기도하면서 말했습니다. "진리… 용기… 확신… 그리스도의 사랑이 당신들과 함께하기를 기도합니다!" 나는 그들이 진리를 깨달았는지, 혹은 용기를 갖게 되었는지는 알지 못합니다. 그러나 나는 하나님의 임재를 그들에게 드러내었다는 것은 알 수 있었습니다. 나는 무엇인가를 행해야만 하는 기독교에서 한 발 앞서 나갈 수 있었습니다. 여러 말로 그 사람들과 다투는 것보다, 기도로 그들과 전쟁을 할 수 있었습니다.

이 일을 친구에게 말하면서 나는 "내가 할 수 있었던 것은 기도밖에 없었어"라고 했습니다.

"고작 그것밖에?! 멋진 설명은? 꼼짝할 수 없는 증거는?" 하고 말하면서 친구는 빈정대었습니다.

친구의 놀리는 말을 듣고서, 나는 오스왈드 챔버스의 말이 생각났습니다. "기도는 더 커다란 일을 할 수 있도록 준비하는 과정이 아니다. 기도 자체가 크고 위대한 일이다." 아마도 어떤 대화에서든 가장 큰 기여는 바로 우리가 하는 말이 아니라, 우리 자신을 통해 우리와 함께하시는 그리스도의 임재를 드러내는 것이 아닌가 생각됩니다.

연습이 필요하다

만약 당신이 이를 시도하려고 마음먹었지만, 시도조차 하지 못하더라도 자책하지는 마십시오. 리차드 포스터는 "단순성의 자유"라는 책에서, 하루 동안 대화 중에 하나님과 교제하려 했던 시도에 대해 다음과 같이 말합니다.

어느 날 저녁 나는 단단히 결심했습니다. 다음날 내가 만나는 모든 사람들에게 의식적으로 그리스도의 빛을 드러내리라. 다음날 아침 나는 벌떡 일어나 아침을 먹고는 직장으로 바삐 갔습니다. 그제야 내가 가족을 위해서 전혀 기도하지 않았다는 것을 깨달았습니다. 나는 가족 한 사람 한 사람을 위해 기도를 했습니다. 일단 사무실에 들어서자 나는 비서에게 그날 할 일을 얘기했습니다. 문밖으로 나서려는데 또 빼먹었다는 사실을 알았습니다. 나는 하루 일을 시작하는 비서가 주님의 기쁨으로 일할 수 있도록 기도했습니다. 그제야 나는 나의 삶이 하나님과 지속적인 교제 가운데 지내는 것과는 거리가 멀다는 것을 깨닫기 시작했습니다. 나는 속으로 마음을 더욱 단단히 먹었습니다. 그리고 나서 나는 평범한 하루를 보내는 그날 동안, 만나는 사람마다 기도의 광선을 쏘았습니다. 사람들의 마음속에 무엇이 들어 있는지를 알 수 있게 분별력을 달라고 기도하였고, 마음이 상한 사람들에게는 그리스도의 위로가 있도록 기도하였으며, 지친 사람들에게는 격려를 받도록 기도하였고, 무관심한 사람들에게는 도전해 주시도록 기도했습니다. 참으로 놀랍고도 행복한 날이었습니다. 때로 길거리에서 만나게 되는 사람들이 가던 길을 멈추고는, 나를 향해 좋은 하루가 되라고 말해 준 적도 있습니다.

만약 당신이 나처럼 올바른 말과 행동을 하려고 열심히 노력했다면, 나와 마찬가지로 "내가 무엇을 하느냐"보다 "내가 어떤 사람인가"가 중요함을 깨닫고는 도전을 받았을 것입니다. 말씀에 굶주리고 올바른 답을 얻기 원하는 이 세상은 더욱 많은 정보를 얻기 위해 노력합니다. 그러나 우리는 세상이 필요한 것을 얻도록 도와줄 수 있습니다. 세상의 필요는 바로 모든 필요를 만족시켜 주시는 하나님의 임재를 누리는 것입니다.

묵상과 적용을 위하여

당신이 좋아하지 않는 말이나 농담을 하는 사람을 위해 할 수 있는 호흡 기도에는 무엇이 있습니까?

―――――――

당신이 존경하는 사람을 생각해 보십시오. 그 사람과 대화할 때, 당신은 어떤 호흡 기도를 할 수 있겠습니까?

―――――――

사람들의 마음을 아는 것은 어려울 수도 있습니다. 아래 공란에 당신이 마음을 잘 알 수 없는 사람의 이름을 넣고, 같은 기도를 해보기 바랍니다. 이는 인도 캘커타의 고아원에서 테레사 수녀와 동역자들이 매일 사용했던 기도입니다.

> 사랑하는 주님, 오늘 그리고 매일 _____의 안에서 주님을 볼 수 있도록 도우소서. 그리고 그와 함께 있을 때, 그를 위해 주님께 기도할 수 있도록 도와주소서.
>
> 비록 주님께서 성가신 사람, 가혹한 사람, 자기 생각을 우기는 사람들 속에 매력 없는 모습으로 가장하여 숨어 계신다 하더라도, 여전히 제가 주님을 알아볼 수 있게 하시고, "예수님, 제가 주님을 섬기는 것이 얼마나 귀한지 모르겠습니다"라고 말할 수 있게 하소서.

주님, 제게 이를 볼 수 있는 믿음을 주소서. 그리하여 제 일이 단조로운 것으로 전락하지 않도록 하소서. 제가 언제나 주님의 가난한 자녀들의 소원과 꿈을 만족시켜 주고, 채워 주는 일에서 기쁨을 느끼도록 하소서.

오 사랑하는 주님…, 사람의 모습으로 오신 주님이 제게 얼마나 귀한지 모르겠습니다. 그리고 제가 주님을 보살펴 드릴 수 있게 된 것이 얼마나 큰 특권인지 모르겠습니다.

귀하신 주님, 제가 하는 일과 맡은 책임이 얼마나 고귀한 것인지 알고 감사하게 하소서. 냉소적인 태도, 불친절, 혹은 인내하지 못함으로 말미암아 은혜롭지 못한 태도를 보이지 않게 도우소서.

그리고 하나님, 하나님께서는 이 사람들 하나 하나 안에 거하시면서, 황송하옵게도 저의 섬김과 사랑만을 기대하시며 인내하시고, 저의 부족함을 용납하여 주셨습니다.

주님, 제게 믿음을 더욱 주시고, 이제부터 영원까지 제가 하는 일과 수고에 복을 주시기 원합니다.

제 5 장
행동하면서 기도하라

전화요금 영수증을 열한 장밖에 찾을 수 없었습니다. 한 장은 어디로 갔지? 만약 그 영수증만 찾으면, 상당한 양의 세금을 절약할 수 있었습니다! 업무상 필요한 서류들은 주의 깊게 챙기지만, 매년 하나 정도는, 아니 두세 개 정도는 잃어버리는 것 같습니다.

나는 기도했습니다. "주님, 제가 당황하고 있다는 것을 저도 알고 있습니다. 그렇다고 이것이 심각한 일은 아닙니다."

나는 지난해의 서류 파일을 뒤졌습니다. 그리고 올해 서류 파일도 뒤졌습니다. 그런데도 찾을 수 없었습니다. "내가 어떻게 잘 모르는 곳에다 둘 수 있담?"

"그렇습니다, 주님. 저는 자책하고 있습니다. 이것이 잘못임을 알고 있습니다. 제가 이를 멈추도록 도와주옵소서."

우리가 내야 할 소득세를 생각하면서, 나는 자신과 계속 싸웠습니다. 나는 영수증을 잃어버렸다는 실망감 속에 사로잡혀 있기도 했고, 몇 달러를 절약할 수 있다는 즐거운 생각을 가지기도 했던 것입니다.

그날 일을 마쳐야 할 시간이 되었을 때, 나는 극도로 지쳐 있었습니다. 몇 년 전에도 나는 무언가 깨달은 일이 있었습니다. 그날도 나는 하나님을 갈망하였습니다. 물론 나는 호흡 기도를 여러 차례 반복했습니다. 그러나 나는 하나님의 임재를 풍성히 경험하기를 원했고, 즐거움을 마음껏 누리기를 원했습니다.

그때 내가 일하고 있던 식탁 한 가운데에 놓인 촛대에 눈길이 갔습니다. 나는 다음 해에는 일할 때에도 하나님께서 함께하신다는 것을 기억하기 위해 촛불을 켜기로 결심하였습니다.

지난 몇 년 동안은 그렇게 했습니다. 그날 나의 감정은 마치 "청룡열차"를 탄 것처럼 극과 극을 달렸지만, 내 눈에 보이는 촛불로 말미암아 "예, 주님, (예를 들면, 제게 경제적 공급을 주신 것을…) 감사합니다"라는 기도를 할 수 있었습니다. 그날은 순조로운 항해를 하진 못했지만, 그건 별로 중요한 문제가 아니었습니다. 하나님과 동행하는 삶을 산다고 해서 마냥 행복한 삶이 보장되는 것은 아니기 때문입니다. 나는 하나님이 필요하기 때문에, 그리고 그리스도와 그분의 부활의 능력을 경험하기 위해서(빌립보서 3:10 참조) 하나님과 동행하는 것입니다. 일이 잘 풀리지 않는 그런 날에도 나는 하나님의 임재를 즐길 수 있습니다. 자기를 채찍질하며 자책하다가도, 감사하는 마음으로 기분이 좋아지면서 주님의 은혜를 힘입어 그날을 살아갈 수 있습니다.

우리의 생각과 대화 가운데 하나님을 더욱 많이 초청하면 할수록, 어느 곳을 가든지 하나님의 임재를 더욱 간절히 바라게 됩니다. 정신적으로 혹은 육체적으로 매우 힘이 드는 일을 하는 경우에도 그렇습니다. 우리는 하나님께 초점을 맞추다가 다시금 일에 초점을 맞추기도 하면서, 결국에는 이 두 가지가 혼합되는 상태를 경험합니다. 마치 불타는 떨기나무가 모세에게는 하나님과 대화하는 장소가 되었듯이, 우리의 대화나 행동은 거룩한 장소가 될 수 있습니다.

어떤 일에는 기도가 쉽게 혼합될 수 있습니다. 사도 바울이 로마 교회에 보낸 편지에는 "항상 내 기도에 쉬지 않고 너희를 말하며"(로마서 1:9)라고 기록되어 있는데, 이를 통해 우리는 바울이 텐트를 만드는 힘든 일을 하면서도, 그가 전도 여행을 통해 만났던 사람들을 기억하며 지속적으로 기도하는 모습을 상상할 수 있습니다. 글 쓰는 일을 하는 나는, 항상 하나님 곁에 있으며 날마다 하나님의 기뻐하신 바가 되고 하나님 앞에서 항상 즐거워하는 나의 모습을 그려봅니다(잠언 8:30 참조).

지루한 일들

단조롭고 일상적인 일들은, 목적이 선명하고 고상한 일에 비해 무의미하게 보입니다. 그러나 하나님의 임재를 알게 되면, 이 일도 변하게 됩니다. 그 일이 가진 여러 목적이 분명하게 드러나는 것입니다. 나는 단순히 어지러이 널려 있는 부엌을 치우고 있는 것은 아닙니다. 이 일은 혼돈 속에 질서를 부여하는 위대한 일입니다. 그리하여 정돈된 가정 분위기를 창조하는 것은 부모로서의 나의 소명을 이루는 길이기도 합니다. 예수님께서는 식사하기 전에 단순히 준비하는 일이었던 발씻는 일을, 다른 사람을 섬기며 하나님을 경배하는 일로 바꾸어 놓으셨습니다. 누군가를 위해 기도하기에 가장 좋은 때가 언제입니까? 바로 그 사람의 발을 씻기 위해 당신의 무릎을 꿇을 때입니다.

몸은 활력이 넘치며, 집에서 편히 있을 때가 기도하기에 더욱 쉬운 경우도 있습니다. 팻 클래리는 여성 사역 연구원의 원장인데, 매년 열리는 심포지엄을 준비하는 가운데 얼마나 당혹스러운 일이 생겼는지 말한 적이 있습니다. 팻의 남편은 선거에 출마했었고, 어머니는 심한 병에 걸렸는데 말기(末期)라는 것을 그제야 알았던 것입니다. 팻은 하나님께 피하고 싶었습니다. "나는 사무실 문을 닫고, 집으로 가서, 청바지와 셔츠로 갈아입고서는 청소 도구를 집어들었습니다. 마루 바닥을 걸레질하면서 하나님을 찬송하기 시작했습니다. 목소리를 최고로 높이기도 하고, 때로는 자장가처럼 조용히 부르기도 했습니다. 집에서 하는 지극히 일상적인 일 가운데서, 나는 하나님과 가장 멋있게 교제할 수 있었고, 하나님의 임재에 푹 빠질 수 있었습니다."

컴퓨터 작업을 하거나 잔디를 깎거나 카펫을 청소하는 등 바빠 일을 처리하면서도, 다른 사람의 말이나 지혜 혹은 도전을 깊이 생각하며 묵상할 수 있는 또 다른 차원의 시간을 가질 수 있습니다. 이는 폭넓은 의미에서 묵상에 속합니다. 바로 하나님의 뜻을 생각하고, 하나님의 의중을 음미함으로써, 모든 말과 일을 주 예수님의 이름으로 하라(골로새서 3:17)는 하나님의 신비로운 명령을 따를 수 있기 때문입니다. 단조로운 일상 생활 중에서도 이렇게 묵상 가운데 행하기로 결심한 사람들은, 종종 그들의 여러 생각이 정리되는 것을 발견하곤 합니다. 예를 들어, 5분 전에 전화로 들은 말이 바로 자기가 그날 하루를 시작할 때에 하나님께 여쭈어 보았던 질문에 대한 답이 된다는 사실을 깨닫는 일이 생기는 것입니다. 일할 때 기도에 드려지면, 우리는 작고 조용한 하나님의 음성이 점점 또렷해지는 순간들을 경험하게 됩니다.

당신도 이미 알아챘겠지만, 브라더 로렌스는 단조로운 일상 생활 속에서도 기도하였습니다.

나는 하나님께 대한 사랑으로 작은 달걀 케이크를 만듭니다. 다 만들었을 때, 만약 아무도 나를 부르지 않거나 당장 해야 할 일이 없으면, 나는 바닥에 엎드립니다. 그리고 내가 하는 모든 일에서 은혜로 나를 도와주신 하나님을 찬양합니다. 엎드렸다 일어날 때에는, 이 세상 어느 왕보다도 만족스런 마음을 갖게 됩니다. 아무것도 할 수 있는 것이 없을 때, 내겐 지푸라기 하나를 줍는 것도 하나님께 대한 사랑의 표시로 충분합니다.

자본다 반스는 선교사로서 집에서 어린애들을 돌보며 소일하고 있었는데, 하루를 보내는 동안, 자기가 기도하도록 상기시켜 주는 좋은 방법을 발견했습니다. 아침을 준비하면서는 매일 먹을 음식조차 없는 러시아 사람들을 위해서 기도하였습니다. 아이들이 학교에 갈 준비를 할 때에는, 아이들 학교의 선생님과 관리자들, 그리고 학교의 다른 사람들을 위해 기도하라는 하나님의 인도하심을 느낄 수 있었습니다. 또한, 학부모인 친구들과, 학교에 다니는 친구 아이들의 필요들을 위해서도 기도하였습니다. 채소를 사러 가서는 판매대에 놓여 있는 신문 1면에 나오는 사람들의 이름을 보며 그들을 위해 기도하였고, 아이들과 함께 산책을 할 때에는 유혹에 빠질지도 모른다는 생각이 드는 십대 청소년들을 위해 기도하였습니다.

노래하는 것도 하나님과 교제하는 매우 좋은 방법입니다. 노래할 때에는 모든 것을 집중해야 하기 때문입니다. 머리로는 가사를 기억하고, 감정으로는 멜로디를 따르며, 몸으로는 호흡을 하는 가운데 리듬을 따라 기도할 수 있기 때문입니다. 친구가 직장 일로 인하여 실망하고 당혹스러워할 때, 약한 자를 강하게 하시는 하나님에 대한 찬송을 부르고 있는 자신을 발견하게 됩니다. 절제에 관한 노래가 한창 유행일 때, 같이 차를 타고 가던 딸아이가 라디오에서 흘러나오는 그 노래를 듣고 있었는데, 나는 그 노래를 따라 기도를 했습니다.

기도하도록 상기시켜 주는 것들

당신의 삶에 일어나는 일들이 기도하도록 이끌지만, 그러나 당신이 이에 깨어 지내지 못할 수도 있습니다. 매일 일어나는 일에 기도를 주입(注入)시키는 데 유익한 아이디어 몇 가지를 소개합니다.

감각과 연관된 것들. 구급차의 사이렌 소리, 전화벨 소리, 혹은 "아빠" 하고 부르는 아이들 소리가 도움을 받아야 할 처지에 놓인 사람들을 위해 기도하도록 상기시켜 줍니다. 어떤 사람들은 시각적인 것을 이용합니다. 주머니에 조약돌을 가지고 다니거나, 십자가 목걸이를 하거나, 혹은 직장의 한 쪽 벽에다 성경 구절을 써서 붙이기도 합니다.

내가 특히 하나님의 임재를 느낄 필요가 있는 때는, 저널리스트로 일하면서 어려운 전화 면담을 해야 할 때입니다. 소득세를 처리할 때 촛불을 켰던 아이디어가 상당히 효과적이었던 것을 기억하며, 면담을 할 때 촛불을 켰습니다. 그러나 내 오감(五感)은 다른 곳에 집중되어 있었기 때문에 촛불을 켠 것은 잊게 되었습니다. 시선은 컴퓨터 화면을 보고 있었고, 나의 귀는 전화상의 목소리를 경청하고 있었기 때문입니다. 그래서 나는 바닐라 향이 나는 초를 사용하기로 했습니다. 이것은 매우 익숙한 향으로서, 책상 끝에서도 잘 맡을 수 있었습니다. 이 향기를 통해 나는 내가 하나님의 사랑을 듬뿍 받는 자녀로서 하나님의 임재를 즐길 수 있다는 사실을 상기합니다. 이렇게 하나님을 의뢰할 때, 나는 면담이 어떤 방향으로 흐를지 모르는 가운데서도 자신감을 가지고 진행할 수 있습니다.

여유 시간. 많은 경우 우리들은 바쁘게 살아갑니다. 마치 능률 전문가나 된 듯, 인생의 모든 일을 조화롭게 감당하여 생산성을 극대화하려고 애를 씁니다. 한 가지 일을 마치고는 곧바로 다른 일로 들어가는 대신에, 맡은 일이나 만날 약속들을 시간적 여유를 두어 계획함으로써 잠시 동안의 여유를 만들 수 있습니다. 이렇게 하면 각각의 일에 초점을 맞추어 그 일 가운데 함께하시는 하나님을 제대로 경험할 수 있습니다. 의도적으로 하나님의 임재에 깨어 있으려고 노력하면, 바쁘고 서두르는 오늘날 문화의 요구에 눌려, 하루 동안에 될 수 있는 대로 많은 일을 처리해야 한다는 생각에 쫓기지 않을 수 있습니다. 이러한 시간적 여유는, 하나님께 여쭙고 그분의 길을 묵상하는 데 훨씬 도움이 됩니다.

몸의 움직임. 틸덴 에드워즈는, 우리 몸이 움직이는 방식에 따라 우리가 하나님의 임재를 인식하는 정도가 결정된다고 조언을 합니다. "우리가 조용한 곳에서 휴식을 취하고 있을 때, 몸을 어떤 식으로 움직이는가를 한번 생각해 보십시오. 거의 대부분 우리는 몸을 천천히 움직입니다.… 마치 건전지를 '충전'할 때 가만히 놔두듯이, 우리 몸을 편히 쉬며, 순간 순간 그리고 바로 그 자리에서 하나님의 임재를 진정으로 누리기 원합니다. … 우리는 팔과 다리와 머리의 모든 움직임이 하나님께 초점을 맞추어 이루어지고 있다는 것을 의식하면서, 침착하고 은혜스럽게 움직여야 합니다. …몸이 이리 치이고 저리 치이며 바삐 움직이는 상태에서는 분주하고 산만한 마음만 생길 뿐입니다." 우리는 하나님 안에서 살고 움직이고 존재하고 있습니다(사도행전 17:28). 나는 어깨를 움츠리거나 숨을 죽이고 마음 졸이는 때가 있습니다. 내가 이런 행동을 할 때 이를 알게 해달라고 하나님께 기도한 적이 있습니다. 왜냐하면, 나는 나도 모르게 이런 행동을 하기 때문입니다. 일단 내가 이런 행동을 한 것을 알게 되면, 나는 서두르는 태도와 긴장감을 하나님께 내려놓고, 하나님의 임재 가운데 안전함을 느끼며, 어깨를 편안히 풀고 깊은 심호흡을 합니다.

일을 하면서 기도함

"가정에서 하나님을 발견함"이란 책에서 병원의 원목인 어네스트 보이어 2세는, 일 가운데 기도를 엮어 넣으라는 브라더 로렌스의 권면을 묵상하고 나서 4가지 제안을 했습니다. 이를 나의 말로 풀어서 다음에 소개합니다.

각각의 일을 시작하기 전에 묵상하라. 어떤 일을 시작하든 잠시 멈추어 생각하는 시간을 가지십시오. 하나님께서는 당신을 있는 그대로 사랑하십니다. 당신을 향한 이 놀라운 사랑을 느껴 보십시오. 당신이 어떤 일을 시작할 때는, 바로 하나님의 사랑에 대한 응답으로 그 일을 하는 것임을 상기하도록 하십시오. 그 일을 통해 어떻게 하나님을 기쁘시게 해드릴 것인지를 생각해 보십시오.

브라더 로렌스는 일을 시작하기 전에 다음과 같이 기도했다고 합니다.

> 주님, 주님께서 나와 함께하시며, 나의 마음을 이 외적인 일에 쏟는 것이 주님의 뜻이기 때문에 기도합니다. 주님 안에 지속적으로 거하며, 주님과 교제를 유지할 수 있도록 은혜를 더하여 주소서. 그러나 또한 일을 더 잘할 수 있도록 함

께 일하여 주소서. 이 일을 받아 주시고, 나의 모든 사랑을
주님께서 취하시옵소서.

사무실 컴퓨터 모니터 뒤에 있는 벽에 이 인용문을 붙여 놓은 후 며칠이 지났을 때, 새로운 호흡 기도가 하루 종일 흘러나왔습니다. "내 일을 받으소서. 나의 모든 사랑을 주님께서 취하소서."

일하면서 짧은 기도를 반복하라. "하나님께서는 저를 사랑하십니다," "주님, 저는 주님을 기뻐합니다," 혹은 "주님, 이 일은 주님을 위한 것입니다"와 같은 호흡 기도를 사용하십시오. 때로는 당신이 하는 일에 리듬을 가미할 수도 있습니다. 예를 들어, 정원에서 씨를 심고 있다면 각각의 씨앗을 심을 때마다, 또는 부엌에서 그릇을 씻고 있다면 각각의 그릇을 씻을 때마다, 일정한 주기로 호흡 기도의 내용을 바꿔서 해보면, 일도 즐겁고 일하면서 주님의 임재를 누릴 수 있어 좋습니다.

모든 일을 마친 후에 묵상하라. 잠시 시간을 내어 일을 마친 것을 기뻐하며 하나님께 그 일을 드리십시오.

일하면서 생각과 감정을 주님께 향하라. 당신의 머릿속에서 이루어지는 대화에 하나님을 초청하십시오. 별다른 의미 없는 여러 생각들, 예를 들어 불평, 질문, 옛추억 등이 어떻게 기도로 발전할 수 있는지 한번 생각해 보십시오.

우리가 하는 어떤 일도 하나님께는 평범하거나 지루한 일이 아닙니다. 하나님께서는 우리를 기뻐하십니다. 우리가 항상 유쾌한 존재여서가 아니라, 바로 하나님의 것이기 때문입니다.

묵상과 적용을 위하여

당신이 무언가를 하면서 하나님께 말씀드리거나 경청하려고 할 때 어려운 점이 있습니까? 만약 있다면 무엇입니까?

―――――

한 농부가 로바크에게 말했습니다. "농사 일을 할 때 내 손은 쟁기를 잡고, 내 시선은 고랑을 향하지만, 내 마음은 하나님께 있습니다." 이 말을 당신 자신의 말로 표현한다면 어떻게 바꿀 수 있겠습니까?

―――――

만약 일을 시작하기 전에 기도를 한다고 하면, 당신은 다음 중에서 어떤 기도를 하겠습니까?

* "하나님께서는 저를 사랑하십니다."
* "주님, 저는 주님을 기뻐합니다."
* "주님, 이 일은 주님을 위한 것입니다."
* "제 일을 받아 주소서."
* 당신 스스로의 기도문:

제 6 장

몸으로 기도하라

어느 날 아침, 초등학교 5학년인 딸아이 자니가 전날밤 내가 써준 야외 여행 허락서를 찾지 못해, 이리저리 방을 뒤지고 있었습니다. 당시로서는 초능력 엄마였던 내가, 방을 정리하는 지침을 자니에게 주고 그렇게 하지 않을 때에 생기는 결과를 알려 주었건만, 자니의 방은 항상 어질러져 있었습니다. 하는 수 없이 허락한다는 쪽지를 다시 써주었고, 자니는 마음이 혼란한 상태에서 등교하였습니다.

나는 소파에 앉아서 생각에 잠겼습니다. "왜 자니는 정리를 잘 못할까? 내가 뭘 더 해줄 수 있을까?" 자니를 귀하게 여기고 싶었지만, 자니는 내게 실망만 더해 줄 뿐이었습니다. 내 자신에 대해 화가 났습니다. 어질러져 있는 방 하나로 말미암아 그렇게 심각한 상태에 빠졌기 때문이었습니다. 나는 더욱 큰 실망감에 빠져들었습니다. "어떻게 자니를 이해하고, 저를 용납할 수 있지요? 사랑과 좋된 마음을 가지고 대하고 싶습니다. 그런데 자니의 습관이 저를 미치게 만들 때, 어떻게 그런 마음을 보일 수가 있지요?" 나는 이런 질문을 하나님께 너무나도 자주 했습니다. 그래서 이제는 한번 더 하는 것도 힘들 지경에 이르렀습니다.

그러다가 한 사람의 이야기가 생각났습니다. 그는 날마다 아무도 모르게 작은 선행을 한 가지씩 했습니다. 이렇게 하는 것은 매우 힘들었는데, 기숙사에 살고 있어서, 같이 사는 룸메이트들에게 들킬지도 모르기 때문이었습니다. 그는 이를 비밀리에 했는데, 그 이유를 다음과 같이 기록하였습니다. "오직 하나님을 위해서만 이 일을 한다는 것으로 말미암아 마음속에 놀라운 기쁨이 생기기 때문입니다."

나는 생각했습니다. "맞아. 나는 더 이상 말로는 기도할 수 없어. 그렇지만 나는 하나님께 구하고 싶은 내용을, 말이 아니라 조그만 선행을 함으로써 아뢸 수 있을 거야. 자니에게 하고 싶은 말도 이런 방식으로 알릴 수 있을 거야." 나는 자니의 방으로 살금살금 들어가 침대를 정리해 주었습니다. 이전에 거의 한 적이 없는 일이었습니다. 일단, 침대 커버 밑에 아무렇게나 쑤셔 넣어 두었던 책과 인형과 지갑 등을 치웠습니다. 그리고는 기쁜 마음으로 시트와 침대보를 걷은 다음에, 병원 침대에서 볼 수 있는 것처럼 산뜻하게 깔아 놓았습니다. 동물 인형을 뽀뽀하는 모양으로 둥그렇게 배치(자니는 이런 모양을 좋아했습니다!)해 놓을 때를 즈음해서, 나는 하나님께서 자니와 내게 베푸신 은혜를 기억하며, 다음과 같이 하나님께 말씀드렸습니다. "주님, 저는 완벽한 엄마가 아니며, 자니도 또한 완벽한 딸이 아닙니다. 그러나 주님께서 어떤 식으로든 역사해 주시기를 기도합니다."

때로 말로는 우리가 하나님께 말씀드리고 싶은 것을 다 표현하기가 충분하지 않은 경우가 있습니다. 오히려 신체적 활동을 통해 하나님께 전달하는 것이 쉬울 때가 있습니다. 잡초를 뽑거나, 아기를 달래고, 피아노를 치거나, 혹은 침대를 정리합니다. 이런 행동들은 명확히 설명할 수는 없지만, 하나님께 대한 기도가 될 경우가 있습니다.

이는 앞장에서 말한 행동하면서 기도하는 것과는 다릅니다. 단조로운 일이라 할지라도, 행동 그 자체가 무언의 기도가 되는 경우입니다. 브라더 로렌스는 다른 동기가 아니라 순전히 하나님께 대한 사랑으로 마당에서 지푸라기를 줍는 일을 기쁨으로 하였습니다.

우리가 하나님을 알아 가는 기쁨 가운데 어떤 일을 할 때, 그 일의 의미가 달라질 때가 있습니다. 우리들 대부분은 천성적으로 게으르며, 될 수 있는 한 적게 일하려 합니다. 한편으로는, 우리가 하는 일에 매달려 세세한 부분까지 철저히 함으로써, 다른 사람들에게 "자넨 정말 전문가야. 언제나 일을 잘한단 말이야"라는 말을 듣고 싶어합니다. 우리가 하는 일을 통해, 하나님을 영광스럽게 하며 하나님께 대한 우리의 사랑을 나타낸다는 것은 매우 혁신적인 발상입니다. 우리가 그런 동기로 일을 할 때는, 자화자찬하고자 하는 것이 아니라, 하나님의 임재를 누리고자 하는 마음에서 세밀한 부분까지도 최선을 다하여 잘하게 됩니다. 세밀한 부분까지 최선을 다한 일 속에는 무언가 아름다운 것이 있습니다. 그 일을 통해 우리는 하나님께서 하시는 일에 동참한 것입니다. 우리 하나님은 모든 것을 적당히 하시지 않습니다. 마지막 작은 한 부분까지도 아름답게 만드시는 분이십니다. 하나님께서는 모든 것을 "보시기에 심히 좋은" 수준으로 하십니다. 예수님께서도 사람들에게 "그가 다 잘하였도다"(마가복음 7:37)라는 칭찬을 들으셨습니다.

말보다 행동이 나을 때

우리의 행동이 기도가 되도록 할 때, 우리의 몸은 바로 하나님을 찬양하는 악기가 된다는 것을 발견하게 됩니다. 서구 사상의 상당 부분이 정신을 물질보다 높게 평가하는 그리스 사상을 받아들였습니다. 이 사상에 따르면, 하나님께서는 우리의 지성과 의지를 사용하시며 때로 감정도 사용하시지만, 육체는 마치 해로운 것을 담아 두는 그릇 정도로 여겨, 우리의 지성을 한 곳에서 다른 곳으로 이동하는 데에 사용되는 필요악(必要惡)으로 여기신다고 생각합니다.

이것이 성서적인 생각입니까? 성경에서는 육체가 부패하고 썩어 없어지는 것으로 묘사되어 있으며(고린도전서 15:53), 예수님께서도 모든 악한 것이 육체에서 나와 사람을 더럽힌다고 말씀하셨지만(마가복음 7:20-23), 한편으로는 우리의 몸은 "그리스도의 지체"(고린도전서 6:15)이며, "몸은 주를 위하고 주는 몸을 위한다"고 기록되어 있습니다(고린도전서 6:13). 따라서 몸은 하나님과 우리의 관계를 방해할 수도 있고, 도와줄 수도 있습니다.

"훈련의 정신"이란 책에서, 철학 교수이며 남침례교의 목사인 댈러스 윌러드는 다음과 같이 기록합니다.

> 우리는 몸과 몸의 역할을 생각할 때, 우리의 영적 부르심에 방해가 되는 것으로만 여기고, 우리의 구속(救贖)에는 아무런 긍정적 역할을 못하는 것으로 생각할 때가 많습니다.… 영적인 것과 우리의 몸은 결코 우리 삶 속에서 상치되는 것이 아닙니다. 그 둘은 상호 보완적인 것입니다.

우리의 몸은 하나님과 함께하는 삶의 동반자가 될 수 있습니다. 바로 몸이 하나님과의 관계를 증진시키는 도구로 사용될 때입니다. 이는 자기의 몸으로 하나님을 경배한 성경의 인물들에 의해 설명될 수 있습니다. 바울은 금식을 했고(사도행전 14:23), 다윗은 주님 앞에서 춤을 추었으며(사무엘하 6:14-15), 이스라엘 백성들은 손을 높이 들고 손뼉을 치기도 했습니다(시편 47:1).

그러면 어떻게 몸이 동반자가 될 수 있습니까? 몸은 반드시 절제되어야 합니다. 특히 요즘처럼 자기의 목표를 성취하고 쾌락을 추구하는 도구로 몸을 사용하는 문화 속에서는 더욱 그러합니다. 이런 절제는 영적 훈련에 의해 이루어진다고 댈러스 윌러드 박사는 말합니다. 하나님께 초점을 맞추기 위해 음식을 절제하고 성적 욕구를 자제함으로써 몸을 절제하는 것처럼, 하나님의 임재를 연습함으로써 삶의 모든 영역에서 하나님을 즐거워하고 경배하는 것을 "몸에게" 가르칠 수 있습니다.

하나님의 임재를 즐기는 데에 몸이 참여하는 방식은 사람마다 다를 것입니다. 성경에서는 무릎을 꿇거나 엎드리는 것과 같은 자세로부터 움직이는 동작, 예를 들어 노래를 하거나 박수를 치거나 손을 드는 것까지 보여 줍니다. 공적인 예배를 선호하는 사람들이 있는 반면, 조용히 혼자 있을 때가 더 효과적인 사람도 있습니다. 하나님과만 단둘이 있을 때, 우리는 하나님을 찾는 마음으로 얼굴을 땅에 엎드리거나, 아니면 유혹에서 우리를 건지신 하나님을 인하여 기뻐하는 마음으로 덩실덩실 춤을 출 수도 있습니다.

"몸으로 하는 기도"는 종종 일상 생활에 엮어질 때가 많습니다. 하나님의 뜻이 이루어질 때, 우리는 주먹을 굳게 쥐고 "좋습니다!"라고 표시합니다. 죄를 깨닫게 될 때, 우리는 아무 말도 못하고 손으로 얼굴을 감싼 채 용서를 구하며 굴복의 표시를 합니다. 이런 방식으로 우리는 우리의 지체를 의의 병기로 하나님께 드릴 수 있습니다(로마서 6:13).

만약 몸은 훈련하지 않고 생각만 훈련하려고 한다면, 우리의 몸은 내버려진 상태에서 반란을 일으킬지도 모릅니다. 1994년에 일어난 노스리지 지진의 충격으로 말미암아 생긴, 내 몸의 반응을 통해 이를 뚜렷하게 보았습니다. 그 지진이 일어난 바로 1년 뒤에, 일본 고베에서 지진이 일어났습니다. 나는 개인적으로 큰 충격을 받았습니다. 지진으로 말미암은 충격은 없었지만, 나의 감정으로는 이상하게도 충격을 느낀 것입니다. 나는 이런 충격을 느낄 때마다, 고베에 있는 사람들을 위해 기도하는 기회로 삼았습니다. 이럴 때 나의 머리는 안정이 되었지만, 몸은 며칠 동안이나 안정을 찾지 못했습니다.

6개월 뒤 한밤중에 진도 4.9의 지진이 일어나 우리 가족 모두가 깨었습니다. 이전에 일어났던 지진과 같은 강도였습니다. 십대인 아이들을 밤새도록 안정시킨 후에, 나는 바닥에 앉았는데, 심한 경련이 났습니다. 담요로 몸을 감싸고 경련은 막을 수 있었지만, 몸은 여전히 안정되지 못했고, 잠을 청하거나 어떤 일에 집중을 할 수도 없었습니다. 다음날 아침에도 나는 제대로 일을 할 수가 없었습니다. 그래서 마음을 달래 주는 찬양을 불렀습니다. 교회 예배에서 이 찬송을 부를 때, 우리 교회 아이들은 몸을 이리저리 흔들었는데, 나도 몸을 가볍게 흔들어 보았습니다. 노래를 부르며 호흡을 규칙적으로 하자, 숨을 처음으로 고르게 쉴 수 있었습니다. 그리고는 팔도 편안해지고 찬양 예배를 드릴 때 그랬던 것처럼, 편안하게 늘어뜨릴 수 있었습니다. 몸을 자연스럽게 흔드는 것을 통해, 내 몸 전체는 하나님의 무릎에 앉아 있는 것처럼 안정되고 편안함을 느끼게 되었습니다. 이때 나는 몸도, 말없이 이루어지는 기도의 한 부분을 반드시 차지해야 한다는 것을 깨닫게 되었습니다. 몸이 하나님의 평안 가운데 있지 않을 때에는, 어떤 생각도 할 수 없었습니다.

몸으로 하는 기도의 유익

우리는 마음에 있는 바를 어떻게 아뢰어야 할지 잘 모를 때가 있습니다. 기도를 하긴 해야겠는데 적당한 말이 생각나지 않아 애를 많이 먹었던 사람들에게는, 몸으로 하는 기도는 새로운 돌파구가 됩니다. 하나님 안에서 행하는 우리의 몸짓, 행동이 모두 기도가 될 수 있기 때문입니다. 모든 것이 자연스럽게 이루어집니다. 미리 계획을 세울 필요도 없습니다. 마치 어린아이가 아빠에게 붙잡아 달라고 손을 내미는 것과도 같은, 순수한 기도입니다. 이 기도는 하면 할수록 경이감을 느끼게 됩니다.

몸으로 하는 기도는 말로 직접 옮기기 어려운 것을 말하거나 듣는 데에 도움이 됩니다. 예를 들어, 육상 선수였으며 선교사였던 에릭 리델은 달리기를 할 때, 하나님께서 자기를 기뻐하신다는 것을 느낄 수 있었습니다. 혹은 파도타기, 자전거 타기, 승마 등을 할 때 하나님의 기뻐하심을 느끼는 사람들도 있습니다. 하나님의 임재를 즐기는 것은, 비록 그들이 그렇게 말하지는 않겠지만, 바로 그들이 그런 행동을 하는 부분적인 이유가 됩니다.

나의 경우에는 에어로빅을 할 때 하나님의 임재를 강하게 느낍니다. 하나님께서 나를 보고 계시다는 느낌을 받으며, 하나님의 자녀인 내가 지치고 굳은 나의 몸을 움직일 때 은혜와 능력으로 함께하여 주신다는 것을 느낍니다. 비록 에어로빅 동작이 나오는 화면 앞에 서 있지만, 나의 팔과 다리는 내 안에서 역사하시는 하나님의 리듬에 맞추어 움직입니다. 이런 즐거운 모든 행동 가운데서 나는 글을 쓰고, 주님을 섬기고, 가족들을 사랑하는 데에 필요한 창조적인 아이디어를 얻습니다.

몸으로 하는 기도는 일상 생활의 모든 순간마다 믿음으로 행하게 하며, 성경을 읽을 때나 교회 예배에 참석할 때에만 하나님을 만날 수 있는 것이 아님을 증명하여 줍니다. 몸으로 하는 기도는 일상 생활과 믿음의 인위적인 분리를 깨트리며, 우리 삶의 틈바구니에 하나님을 초청할 수 있도록 합니다. 우리가 행하는 어떤 것도 하나님과 함께하지 않는 것이 없습니다. 점차 우리는 불가능할 것이라고 느껴지는 목표인, 우리의 몸 전체를 하나님이 기뻐하시는 거룩한 산 제사로 드리는 삶을 살 수 있게 됩니다(로마서 12:1). 이것은 매일 드리는 영적 예배가 됩니다.

묵상과 적용을 위하여

당신의 경우 어떤 행동이 기도라고 생각됩니까?

───────

다음과 같은 문장에 드러난 내용을 구체화시키는 경험을 한 적이 있습니까? "사랑으로 한 모든 일은 바로 하나님께 드리는 예배이다. 이는 특별한 헌신과 기도가 된다."

───────

다음 기도문에 나오는 문구 중에서 이 장에 대한 당신의 반응을 가장 잘 나타내 주는 것은 무엇입니까? "나의 몸을 창조하신 하나님, 저는 지금까지 '몸으로 하나님을 영광스럽게 한다'는 것은 확신할 수 없었습니다. 어떻게 하면 몸으로 주님을 영광스럽게 할 수 있는지 가르쳐 주시며, 그것이 주님과의 교제에서 없어서는 안 될 중요한 부분이 되게 하여 주소서. 주님의 인도하심을 따를 수 있도록 도와주옵소서."

제 7 장

본 것을 기도하라

집대인 아이들을 데리고 집으로 돌아오던 차 안에서, 나는 새 집을 구입하는 문제에 생각이 깊이 잠겨 있었습니다. 언덕 위에 있는 그 집은 실내 장식도 흠이 없었고, 가구들도 오래 되지 않았으며, 잔디는 우리 집보다 훨씬 더 파랬습니다. 길을 내려오면서 내 마음은 이리저리 복잡하게 움직였습니다.

그때 나는 정신이 번쩍 들었습니다. 나는 더 크고 좋은 것을 갈망하는 미국적 가치관을 따르고 있었던 것입니다. 나는 이보다 더 나은 것이 무엇인지 알고 있었습니다. 우리는 제3세계 어린이를 위해 후원하고 있었고, 집 없는 이들을 위해 자원 봉사를 하고 있었습니다. 우리 가족이 번 돈으로 좀더 멋있는 집에서 사는 게 하나님의 뜻인가? 새 집이 내 욕구를 만족시켜 줄 것으로 생각하는가? 아닙니다. 그러나 내 마음이 방황할 때면, 스스로 자신의 모습이라고 생각했던 것과는 달리 전혀 다른 것에 집착해 있는 나의 모습을 보곤 합니다.

차를 몰면서 나는 속으로 대화를 계속했습니다. 그러면 나의 생각을 무엇으로 향해야 하는가? 답은 쉬웠습니다. 하나님의 임재였습니다. 하나님의 임재를 즐기는 나의 실험을 어떻게 계속할 수 있는가? 나는 기도했습니다. "주님, 주님께서 항상 저와 함께하시니 감사드립니다. 지금 이 순간 주님의 임재를 느끼게 하여 주소서." 나는 앞을 더 열심히 쳐다보았습니다. 어두운 고속도로밖에 보이지 않았습니다. "주님, 길밖에는 아무것도 보이지 않는데, 이제 무슨 대화를 나눌 수 있겠습니까?"

갑자기 나는 도처에서 답을 발견할 수 있었습니다. 나는 4개월 전에 노스리지 지진 때문에 쓰러진 가로등 옆을 빠르게 지나가고 있었습니다. 차바퀴는 보수 공사를 위해 한동안 폐쇄되었던 차선을 달리고 있었습니다. "오 주님, 지진 때문에 집을 잃어, 아직도 거주지가 없는 사람들을 위해 역사하셔서, 그들이 거주할 곳을 제대로 마련하도록 하소서. 지진의 여파로 아직도 충격에 휩싸인 저 같은 사람들을 안정시켜 주옵소서. 바로 몇 미터 떨어진 중앙선 현장에서 일하는 사람들의 안전을 지켜 주소서." 기도는 계속되었습니다. 지진에 대한 여러 고민스런 생각들이 주위 사람들을 위한 기도로 바뀌었습니다.

하나님과의 연합을 즐기는, 일생에 걸친 여행이 점점 가속도가 붙을수록, 우리는 더욱 의도적으로 하나님의 임재를 즐기게 됩니다. 선교사인 프랭크 로바크는 하나님의 임재를 연습한 흥미 있는 기록을 남겼는데, 그는 "시간과의 게임"을 즐겼습니다. 그는 "매 15분 혹은 30분마다 하나님의 뜻에 따른 행동을 하기 위해 마음을 가다듬는" 시도를 하였습니다. 그리하여 그는 "깨어 있는 모든 순간 동안 끊임없이 내 안에서 묻고 있는 소리, 즉 '아버지 하나님, 무엇을 원하십니까? 아버지 하나님, 이 순간에 어떤 뜻이 행해지기를 원하십니까?'라는 소리를 깨어 듣는 삶"을 살기 원했습니다.

로바크의 방식을 시도한 사람들도 있고, 어떤 사람들은 그 목적만을 따랐습니다. 즉, 할 수 있는 한 자주 하나님께 주의를 집중하는 것입니다. 이런 의도적인 주의 집중은 바로 우리 앞에 있는 사람이나 장소 혹은 사물을 자세히 살펴보게 하며, 하나님과의 대화로 이끌 수 있는 것이 있는지 발견할 수 있게 합니다. 우리 아들이 크로스컨트리를 하는 곳에 가면, 여러 십대 소년들과 코치들을 보게 되는데, 이런 경우에 나는 다음과 같이 기도합니다. "이 아이들에게 자신감을 더하여 주시고, 코치들에게 인내심을 더하여 주옵소서. 이를 위해 제가 말해 주거나 도와줄 것이 있는지 보여 주옵소서." 아침에 양치질을 하려고 수도꼭지를 틀면 물이 세차게 나오는데, 이때 나는 다음과 같이 기도합니다. "매일 물을 길어 먹어야 하는 제3세계 사람들에게 힘을 더하여 주옵소서." 가게에 들러 물건을 사고 계산을 할 때에는 "주님, 이 사람의 필요는 잘 모르겠습니다. 그러나 제가 주님을 더욱 필요로 하듯이 이 사람도 그럴 것입니다"라고 기도합니다.

수양회에서 말씀을 전하기 전에, 나는 심히 긴장이 됩니다. 내가 준비한 내용이 참석하는 사람들의 필요를 채워 주며, 사람들이 알아듣기 쉽게 그 내용을 전달할 수 있기를 바라게 됩니다. 그때 나는 나의 실험을 기억합니다. 내 앞에 있는 것이 무엇이든지 그것을 위해 기도하라. 그래서 나는 수양회에 참석한 사람들을 바라보며, 그들을 위한 기도에 잠깁니다. 나는 무리들 속으로 섞여 들어가, 메시지를 전하기 전에 먼저 사람들과 얘기를 나누며, 다음과 같이 기도합니다. "오늘 제가 여기서 해야 할 일을 가르쳐 주옵소서. 이 모임에 온 사람들 중에서 누구에게 제가 말을 걸기 원하십니까? 제가 경청해야 할 사람은? 함께 웃을 사람은? 제가 전할 말씀이 필요한 사람은 누구입니까?" 안정을 취하려고 노력하지 않았지만, 안정을 얻게 됩니다.

삶 전체로 하는 기도

"개인 기도 일기"라는 책을 여러 차례 읽으면서, 나는 저자인 존 베일리가 과학과 교육의 발전을 위해 기도하며, 음악과 여러 책과 사회에 공헌하는 회사와 "모든 순수한 즐거움"으로 인하여 하나님을 찬양한 것을 보고는 충격을 받았습니다. 이 세상의 어떤 것도 기도의 범위에서 벗어나지 않는다고 믿고 있었지만, 어떤 영역에 대해서는 기도하기에는 지나치게 일상적이거나, 혹은 "현실 생활"에 깊이 관여되어 있기 때문에(내가 안식처라고 생각하는 그리스도인 세계에 비하여?) 기도 제목에서 제외시키고 있었던 것입니다. 그래서 나는 예술, 교육, 종교 등 내가 관심이 많은 영역의 지도자들을 위해 기도하기 시작했습니다. 이에 대해 묵상하면서 생전 처음으로 다음 사람들을 위해 기도하였습니다.

* 미술 박물관의 책임자, 존 어빙이나 팻 콘로이와 같은 영향력 있는 현대 작가, 스티븐 스필버그와 같은 유력한 영화 제작자
* 주정부의 교육 책임자, 사범대학의 교수들
* 이슬람, 불교, 그리고 힌두교의 종교 지도자들

마지막 그룹에 속한 사람들에 대해서는 큰 충격을 받았습니다. 세계의 주요 종교에 대한 연구를 하고 가르치기도 한 내가, 그 종교의 지도자들이 하나님을 아는 참 진리를 깨달을 수 있도록 기도하지 않을 수 있겠습니까? 배우고 가르치는 것에서 나의 역할을 확장시켜, 관찰하고 기도하는 삶까지 살아야 한다는 것을 알게 된 것입니다.

그러나 기도를 꼭 이런 영역에 있는 지도자들만 위해서 해야 합니

까? 하나님의 마음은, 멸시를 받고 압박받는 사람들을 향하고 있지 않습니까? 그래서 나는 같은 영역에 있는 다른 사람들을 위해서도 기도하였습니다.

* 예술 비평가들에게 아직 평가를 받지 못하는 신인 예술가들
* 어떤 교육 체계 속에서도 제대로 적응하지 못하여 갈등하는 학생들
* 교회를 잘 다니지 않다가 이제는 다시 돌아갈 수도 없는 처지에 있는 사람들

우리 앞에 무엇이 있든지 이를 위해 기도하는 것은, 신문이나 뉴스를 보고 있을 때도 마찬가지입니다. 전쟁 소식은 단순한 뉴스가 아닙니다. 이는 하나님의 뜻이 이루어지도록, 그리하여 공의가 충만하도록 기도하라는 부르심입니다. 정치 풍자 만화를 보거나 저명한 논설을 읽을 때, 우리는 만화나 논설의 저자들이, 자기의 역할을 인식하든 못하든, 진실을 전달하며 평화를 위해 사용되는 도구가 되기를 기도할 수 있습니다.

하나님의 임재를 이런 식으로 연습하는 것은, 세상을 피하는 것이 아니라 세상에 참여하는 것입니다. 우리는 하나님께서 모든 상황에서 역사하고 계심을 인식하는 가운데, 비극과 악행들을 대할 수 있습니다. 이렇게 하면 우리는 그리스도께서 주신 사명을 성취하는 방법, 즉 혼란 가운데서 벗어나기를 간절히 바라고 있는 세상을 구원할 수 있는 방법 한 가지를 더 갖게 됩니다.

깨어 지냄

하나님의 임재를 억지로 즐기려는 것은 쓸모 없는 일이지만, 즐기려는 의도를 가지고 깨어 있을 필요는 있습니다. 무엇인가를 추구하는 사람으로서 우리는 모든 일에 심사숙고하며 깨어 있을 필요가 있습니다. 우리는 모든 상황 가운데서, 함께하시는 하나님께 주의를 기울여야 합니다. 하나님께서는 무엇을 말씀하시는가? 이곳에서 주님의 뜻은 무엇인가? 그러면 별다른 시도를 하지 않더라도, 오늘 햇빛은 얼마나 찬란한가라고 생각하는 것을 통해 그런 멋진 빛을 창조하신 하나님께 대한 감사의 마음으로 미소를 지을 수 있습니다.

이를 위해서는 보는 눈을 훈련해야 합니다. 분명히 무엇인가 감사할 것이 있음을 믿는 태도도 필요합니다. 보는 것을 훈련하면 할수록 더 많은 것을 보게 됩니다. "팅커 천(川) 순례 여행"이란 책에서, 애니 딜러드는 "나는 사마귀 알집이 어떤 것인지를 막 알게 되었습니다. 갑자기 나는 사방에 알집이 널려 있는 것을 발견하였습니다"라고 기록합니다. 영적 생활에서도 마찬가지여서, 하나님의 임재를 느끼는 면도 이와 비슷하게 성장합니다. 우리는 하나님께서 어떻게 역사하시는지에 대해 관심을 기울이게 됩니다. 의도적으로 우리가 본 것을 하나님께 알리는 것을 통하여, 이런 보는 기술을 키울 수 있게 됩니다. 딜러드는 "물론 보는 것은 상당 부분이 말로 표현하는 것과 연관되어 있습니다. 내 눈앞에 스쳐 가는 것에 관심을 기울이지 않는다면 볼 수 없을 것입니다"라고 말합니다. 이런 식으로 우리는 주의를 기울이는 법을 배웁니다. 상황 속으로 들어가 깨어 있는 눈으로 보는 법을 배웁니다.

그럼에도 마음은 방황하는데…

로바크는 다음과 같이 말합니다. "이런 훈련을 하려는 사람은 누구나 마음이 방황하는 것을 견뎌 내야 합니다.… 그러나 실패한다고 해서 실망할 필요는 없습니다.… 하나님의 임재를 경험하는 훈련을 수개월 혹은 수년 동안 한 다음에야, 하나님이 좀더 가까이 계심을 느낄 수 있습니다. 마치 하나님께서 뒤에서 미는 것과 같은 느낌이 더욱 강해지며 꾸준히 느낄 수 있습니다. 그리고 앞에서 끄는 것과 같은 느낌이 점점 강해지는 것도 느낄 수 있습니다."

마음이 방황할 때, 나는 잠시 나의 기도가 방황하는 마음을 따라가게 허용합니다. "음, 지금 한 친구 생각이 나는군. 하나님께서는 그 친구와도 함께 계실까? 하나님께서 그 친구에게 무엇을 말씀하고 계실까? 그 친구를 위해 무엇을 기도할까?…" 방황하는 마음을 따라 기도하는 것은 하나의 모험입니다. 우리가 기도하면서 한 주제에서 다른 주제로 옮기거나 찬양에서 자백으로 옮기거나 혹은 감사에서 간구로 옮겨갈 때, 기도는 그 자체의 생명력을 가지게 됩니다. 기도를 통해 하나님과 이렇게 만나는 것은 마치 우리들이 다른 사람과 나누는 대화와 흡사합니다.

우리는 방황하는 우리의 마음을 용서해 달라고 다음과 같이 기도할 수 있습니다.

오 하나님, 왜 제 마음이 주님께 초점을 맞추기가 힘든지 모르겠습니다. 오직 주님과만 전적으로 함께할 수 있는 자유로운 시간인데도, 왜 제가 하고 싶은 수많은 작은 일들, 알고 있는 수많은 사람들이 제 마음에서 계속 복잡하게 움직이고 있을까요? 왜 제 마음은 그렇게 여러 가지 방향으로 흐트러질까요? 그리고 왜 제 마음은 곁길로 빠지게 하는 것을 간절히 원할까요? 주님이 제게 충분하지 않은 것일까요? 저는 주님의 사랑과 돌보심, 긍휼과 자비에 대해 계속 의심하고 있는 것 같습니다. 마음 한가운데는, 제가 오직 주님께만 시선을 고정시킬 때 제 모든 필요를 주님께서 채워 주실 것인지에 대한 의구심이 있는 것 같습니다.

흐트러진 제 마음, 피곤함, 과민한 반응, 그리고 믿음 없는 방황을 용납하여 주십시오. 주님께서는 저보다 저를 훨씬 더 깊이 알고 계십니다. 주님께서는 제가 제 자신을 사랑하는 것보다 더 큰 사랑으로 저를 사랑하여 주십니다. 제가 원하는 것보다 훨씬 더 많이 주시는 분이십니다. 저를 보세요. 저의 모든 곤핍함과 마음의 혼란을 살펴보시고, 이런 가운데서도 제가 주님의 임재를 느끼며 살 수 있도록 인도하소서. 제가 할 수 있는 것이라곤 주님께 저를 모두 보여 드리는 것입니다. 그럼에도 그렇게 하기가 두렵습니다. 주님께서 저를 거절하실지도 모른다는 두려움이 있습니다. 그러나 저는 믿음으로 알고 있습니다. 바로 주님께서는 제게 주님의 사랑을 더하여 주시기를 원하신다는 것입니다. 주님께서 제게 원하시는 것은, 오직 제가 주님을 피하지 않고, 실망으로 말미암아 주님에게서 도망하지 않으며, 주님을 마치 가혹한 주인인 것처럼 생각하지 않는 것입니다.

피곤한 저의 몸과 혼란스런 머리와 쉼이 없는 제 영혼을, 주님의 팔로 감싸 주시고 편히 쉬게 하여 주옵소서. 짧은 시간에 너무 많은 것을 기대하는 것은 아닙니까? 저는 이에 대해 걱정하지 않겠습니다. 오직 주님께서 알려 주실 것입니다. 주 예수님, 어서 오시옵소서. 아멘.

묵상과 적용을 위하여

이 순간 당신 앞에 있는 것으로서 하나님과 대화할 수 있는 소재로는 어떤 것이 있습니까?
———————

당신이 관심을 갖고 있는 분야(예술, 교육, 종교, 음악, 기술, 스포츠…) 중에서 어떤 분야의 지도자를 위하여 기도하고 싶습니까?
———————

본문 마지막에 소개한 기도문에서, 당신이 하나님께 말씀드리고 싶었지만 표현하지 못했던 것을 몇 줄만 골라 보십시오.

76　하나님의 임재를 즐기는 삶

제 8 장

마음이 상할 때 기도하라

매주 상황은 더욱 악화되어 갔습니다. 카풀을 이용하여 출퇴근을 하면서 폭발할 것 같다는 생각이 들었습니다. 카풀 동료 중의 한 명이 쉬지 않고 불평을 해댔기 때문이었습니다. 나는 직장 동료이기도 한 그녀를 위해 기도하려고 했지만, 나는 내가 원하는 수준의 성자(聖者)는 아니었습니다. 교통 신호 때문에 잠깐 섰을 때, 나는 타고 있던 밴에서 뛰쳐나와 멀리 달아나고 싶은 심정이었습니다.

나는 그녀에게 채워지지 않은 감정적인 필요가 있다고 생각하였고, 하나님께 그녀를 받아들일 수 없을 뿐만 아니라 그렇게 하려는 시도도 하고 싶지 않다고 기도하였습니다. 그녀를 위해 기도하면서, 나는 하나님 무릎에 앉아 있는 그녀를 상상해 보았습니다. 이는 내가 곤란한 지경에 처했을 때, 흔히 나 자신을 위하여 사용하던 상상(想像)이었습니다. 잠시 동안 이 방법이 효과가 있었으나, 그 다음 주까지도 밴에서 도망가고 싶은 마음이 계속 생겼습니다.

우리 집 창고를 뒤지다 보니 우리 딸아이가 어렸을 때에 사용하던 흔들의자가 있었습니다. 약간 기울여 흔들리게 하여 보았습니다. 순간적으로 내 마음 어디에선가 그 동료를 위한 기도가 떠올랐습니다. "으음, 흥미롭군." 부엌으로 그 흔들의자를 가지고 가서 한쪽 구석에 놓았습니다. 의자는 지나다니다가 부딪칠 수도 있었고, 현대적인 우리 주방에는 어울리지 않았지만, 내겐 도움이 되었습니다. 그 옆을 지날 때마다 의자를 잠깐 흔들어 놓고는, 그 직장 동료를 위한 호흡 기도를 하였습니다. 이 기도를 한 후 즉시 그녀에게 인내심을 가지고 대할 수 있게 되었다고 말할 수는 없습니다. 그렇지 못했기 때문입니다. 그러나 마음속의 분노는 사라지기 시작했습니다. 이런 나의 순종에 하나님께서 크게 기뻐하실 것이라는 생각이 들었습니다. 그리고 삶의 좀더 많은 부분에서 하나님의 함께하심을 더욱 잘 인식할 수 있게 되었습니다.

하나님의 임재를 즐기는 것은 오직 온유한 태도와 천사와 같은 얼굴을 한 사람들에게만 해당된다고 생각하는 사람들에게는 상당한 의미가 있는 내용일 것입니다. 결코 마음이 안정되지 못하고, 좁은 문보다는 쉬운 길을 택하는 그리스도인들이라 할지라도, 이런 훈련을 즐길 수 있습니다. 만약 당신이 "원수를 사랑하라"는 말씀과는 상관이 없어 보이는 사람이라 할지라도, 용기를 내어 그들을 위해 호흡 기도를 할 수는 있을 것입니다(마태복음 5:44-45). 이웃집에서 잔디를 제대로 깎지 않아 보기가 싫을 때, 혹은 당신의 집 앞 주차장에 못 보던 차가 주차되어 있을 때, 이는 하나의 신호가 되어, "이 사람의 마음이 주님께 향하게 하소서" 혹은 "주님, 제가 이 사람에게 어떤 태도를 보여야 합니까?"라는 기도를 할 수 있을 것입니다.

이런 긴급 구조 요청 기도 외에도, 우리는 성가시게 하는 상황 속에서 다음과 같은 방법으로도 하나님과 대화를 나눌 수 있습니다.

"지붕 위의 바이올린"에 나오는 테비야는 세 딸의 아버지입니다. 그는 하늘 높이 손을 들고 하나님을 찾는 모양을 하면서, 분노를 터뜨리며 하나님께 질문을 하는데, 관중들은 이를 보고 웃음을 터뜨립니다. 경악을 금치 못해서가 아니라, 부러워서 그렇게 웃는 것입니다. 테비야는 지나친 것이 아닙니다. 하나님을 찾는 태도는 하박국과 닮았습니다. 하박국은 성벽에 올라 하나님께 질문을 던졌던 유대의 선지자였습니다.

테비야, 하박국, 그리고 시편 기자를 보면, 하나님과 함께 살아가는 우리의 인생에 감정이 들어갈 여유가 있다는 것을 기억하게 됩니다. 너무나 오랫동안, 복음서에 나타나 있는 감정이 무시되었습니다. 나는 "독사의 자식들아!"라고 말씀하시는 예수님의, 조용하면서도 결의에 찬 얼굴 모습을 그려보려고 애를 썼지만, 잘 그려지지 않았습니다. 그리스도께서 사람들의 죄에 대하여 마음이 상하신 것처럼, 우리도 역시 예수님과 같은 감정을 가질 수 있습니다. 분노에 가득 차고 격정적인 시편은 별로 주목하지 않기 때문에, 시편 기자들이 도움을 청하면서 얼마나 격렬하게 참소하였는지를 잊을 때가 많습니다. 내가 좋아하는 구절은 시편 69:4입니다.

무고히 나를 미워하는 자가 내 머리털보다 많고.

이 시편 기자에게는 정말로 무수히 많은 원수가 있었습니까? 아니면 단순히 그렇게 느꼈을 뿐입니까? 흙먼지를 날리며, 질문을 던지고, "나는 받아들일 수 없어!"라고 소리쳤던 테비야처럼, 우리는 혼란한 마음과 자신의 곤란한 처지를 주님께 아뢸 수 있습니다.

우리 중에는 자기의 분노와 실망감을 하나님께 아뢰기를 두려워하는 사람들이 있습니다. 사실 우리의 이런 감정을 하나님께서는 이미 알고 계십니다. 혹은 하나님과 분노는 공존할 수 없는 것이라 생각하며, 분노를 느끼고 있다는 사실을 부정하기도 합니다. 우리는 하나님 앞에 "착한 아이"로 보이려고 합니다. 착하게 보이고, 착하게 느끼며, 착하다고 합니다. 분노와 실망감은 하나님께 나아가기 전에 먼저 극복하고, 고상한 것으로 대체해야만 하는 장애물로 간주될 뿐입니다.

우리의 모습을 하나님께 아룀

하나님의 임재에 거하는 것은, 우리의 감정에 옷을 입혀야 한다는 의미는 아닙니다. 하나님께서는 흠이 많은 우리들을 사랑하실 만큼 크신 분이심을 믿는다면, 다른 사람에 대한 분노, 자신에 대한 실망감, 하나님께 대한 원망 등, 우리가 느끼는 감정을 그대로 아뢸 수 있을 것입니다. 하나님의 임재는, 우리의 게으름과 불평과 자화자찬하는 태도 등을 드러낼 수 있는 안전한 피난처가 됩니다. 하나님께서는 우리가 투명하게 자신을 드러내도록 초청하십니다. 실제 모습보다 좋게 보이려고 가장한 것, 섬기는 것이 힘들다고 이를 피했던 것, 다른 친구가 우리를 기분 좋게 해주었을 경우에만 친구에게 관심을 보인 것, 그리고 우리의 힘과 노력을 기울여 여러 물건 – 벨트, 스테레오, 컴퓨터 칩 – 을 얻으려고 한 것을 드러내야 합니다. 자백은 매우 중요한데, 하나님께 이 정보가 필요해서가 아니라, 우리가 적극적으로 하나님께 말씀드릴 필요가 있기 때문입니다. 이런 식으로 하면, 하나님과 우리의 대화는 투명하고 개방적이며, 개인의 모든 것을 나눌 수 있는 대화가 됩니다.

하나님께 순종했던 사람들이 하나님과 나누었던 유명한 대화를 살

마음이 상할 때 기도하라 81

펴보기로 하겠습니다. 모세는 다른 사람들 앞에서 제대로 말을 하지 못한다는 핑계를 댔기 때문에 하나님의 책망을 받기도 합니다(출애굽기 3-4장). 무대 공포증에 걸린 사람들은, 두려움에 질린 모세에게 자신감을 심어 주신 하나님과 교제를 함으로써 안정감을 회복할 수 있습니다. 기드온이 하나님의 천사와 대화를 나눌 때, 하나님께서는 양털로 기적을 일으켜, 소심하였지만 천사에게 과감히 자기의 의사를 전달한 기드온에게 확신을 심어 주셨습니다(사사기 6:15,36). 메시야를 낳을 것이라는 가브리엘 천사의 말을 듣고, 마리아가 "내가 사내를 알지 못하니, 어찌 이 일이 있으리이까?"(누가복음 1:34)라고 하면서 과학적으로 이해가 되지 않는다고 했을 때, 가브리엘은 화를 내지 않았습니다. 하나님께서는 이렇게 의심의 말을 듣고서, 당황하시거나 공격을 받았다는 반응을 보이지 않으셨습니다.

교회사가인 로버타 본디는 "우리 인간 사이의 친구 관계에 적용되는 원리는, 우리와 하나님과의 관계에서도 여전히 적용됩니다"라고 말합니다. 계속해서 다음과 같이 말합니다.

> 우리는 반드시 우리의 참된 마음을 하나님께 말씀드려야 합니다. 이는 우리가 기도할 때, 우리의 기도가 적절한 것인지에 대해 염려하지 않고 기도할 수 있다는 것을 의미합니다. 우리가 기도하고 있는 것이, 하나님의 관심을 끌기에는 가치가 없는 것은 아닌가 하는 걱정을 할 필요가 없다는 말입니다. 그리고 우리의 태도가 예의 바른 것인지 염려할 필요도 없습니다. 우리는 마음에 있는 것을 하나님께 그대로 말씀드립니다. 우리 자신이나 다른 사람에게 필요한 것을 하나님께 구합니다. 이는 우리의 기분을 좋게 만들기 위해서

가 아니라, 하나님과 친구 관계를 유지하는 데에는 이것이 필요하기 때문입니다.

하나님의 인내심을 시험해 보지 않겠습니까?

물론 하나님께서는 모세, 기드온, 그리고 마리아가 "제가 어떻게?…," "제가 어떻게 알 수 있습니까?," "어찌 이 일이 있으리이까?"라고 질문을 하였을 때, 그들에게 인내하셨습니다. 그렇지만 우리는 이런 질문을 할 때, 평안이 깨지는 것을 경험하게 됩니다. 하나님께서는 어떤 선을 그어 놓으셨습니까?

의심하며 질문을 던지는 것은 불순종과는 다릅니다. 순종하기를 거절하는 것은, 요나가 그랬듯이(요나 1:3) 하나님의 뜻을 벗어난다는 의미입니다. 때로 우리는 요나처럼 하나님께 질문도 하지 않고, 한 마디 말도 없이 조용히 하나님께서 명하신 것을 거절합니다. 그러나 차라리 하나님께 격렬히 질문을 던지며, 우리가 순종할 수 있도록 하나님의 도움을 구하는 것이 지혜로울 수 있습니다. 이렇게 하면 당황스럽고, 겁에 질리고, 혹은 분이 났더라도, 하나님을 찾고 구하는 삶을 살 수 있습니다. 하나님을 찾고 구하는 삶을 살면, 하나님께 주목하지 못하게 하고, 하나님께 말씀을 드리며 경청하는 삶을 살지 못하게 방해하는 이런 감정들을 길들일 수 있습니다.

그렇지만 하나님께서 진노하시지 않을까요? 물론 모세가 "주여, 보낼 만한 자를 보내소서"(출애굽기 4:13)라고 했을 때, 하나님께서는 모세를 향하여 노를 발하셨습니다. 그러나 이런 경우에도 하나님께서는 진노를 행동으로 옮기지는 않으셨습니다. 하나님께서는 큰 사랑 가운데서 아론을 모세와 함께 가도록 하셨습니다. 하나님께서 진노를 행동으로 옮기신 것은 무엇입니까? 가장 분명한 예는 이스라엘을 벌하신 것입니다. 애굽에서 살던 시절을 그리워하고, 우상을 숭배함으로써 하나님을 거역했을 때, 하나님께서는 이스라엘을 벌하셨습니다(민수기 16장). 하나님의 진노는 불의하고 불순종하는 자들에게 임합니다(로마서 1:18). 우리 마음에 생기는 불평을 하나님께 말씀드리는 것은 불의가 아닙니다. 오히려 우리가 불의에 빠지지 않도록 지켜 주는 하나의 방편이 됩니다. 날마다 우리 마음에 생기는 제어할 수 없는 감정과 올바르지 않은 욕구를 하나님께 내려놓을 때, 분노를 바깥으로 표출하지 않을 수 있으며, 쓴 뿌리를 지속적으로 갖지 않게 됩니다.

마치 우리는 하나님을 당황스럽게 하는 것을 두려워하는 것처럼 보입니다. 그럼에도 시편 기자들은 시편 58편, 69편, 109편, 129편, 137편과 같은 저주의 시편에서 그들의 두려움과 분노를 드러내었습니다. 다윗의 시편에서 몇 줄을 살펴봅시다.

> 하나님이여, 저희 입에서 이를 꺾으소서. 여호와여, 젊은 사자의 어금니를 꺾어 내시며, 저희로 급히 흐르는 물같이 사라지게 하시며, 겨누는 살이 꺾임 같게 하시며, 소멸하여 가는 달팽이 같게 하시며, 만기 되지 못하여 출생한 자가 일광을 보지 못함 같게 하소서. 가시나무 불이 가마를 더웁게 하기 전에, 저가 생 것과 불붙는 것을 회리바람으로 제하여 버리시리로다. (시편 58:6-9)

우리는 화평케 하는 자가 되라는 명령을 받았는데, 어떻게 이런 기도가 성경의 한 부분이 될 수 있겠습니까? 아마도 분노에서 화평케 하는 것으로 이동하려면, 분노를 부정하는 대신에 분노를 통과해야 한다는 것을 보여 주는 것 같습니다. 시편 기자처럼 기도하는 것은, 영혼을 하나님께 쏟아 놓는 것입니다(시편 42:4). 이렇게 할 때, 사람들에게 분노와 원망을 퍼붓는 대신에 하나님께 내려놓을 수 있습니다. 우리의 분노를 말로 표현하여 하나님께 말씀드리는 이 과정에서, 대개 우리는 자기가 지은 죄를 강하게 깨닫게 됩니다. 허공에 울려 퍼지는 자기의 소리를 들으면서, 우리는 다음과 같이 자백 기도를 하게 됩니다. "하나님, 제가 이렇게 분을 낸 것을 용서하소서. 앞으로 나아갈 길을 보여 주소서. 제가 화를 내었다고 저를 버리지 마옵소서."

이런 시편은 우리의 분노를 해소하는 하나의 모델이 됩니다. 복수의 기도가 아니라 회복의 기도이기 때문입니다. "해가 지도록 분을 품지 말라"(에베소서 4:26)는 명령을 따르는 데에도 도움이 됩니다. 그리하여 분노가 쓴 뿌리로 발전하지 않도록 도와줍니다.

그러나 어느 시편도 하나님을 우리의 불평을 늘어놓는 친구 정도로 여기라고 말하지는 않습니다. "하나님을 두려워하는 것"은 지혜로운 일입니다. 온전히 거룩하시고, 전능하시며, 위엄이 있으신 하나님을 두려워하지 않는 것은 어리석은 일입니다. 그러나 하나님께 대한 건전한 두려움은 우리를 마비시키지 않습니다. 우리가 하나님께 분노를 표현한다고 해도, 우리를 쳐서 죽이시지는 않을 것입니다. 하나님께서는 우리 인간의 과오 때문에 모욕을 당하시지는 않습니다.

그리스도 안에 거하고 하나님의 임재를 즐기기 위해서는, 모든 것이 괜찮은 것처럼 가장해서는 안 됩니다. 마음속에 실제로 있는 감정을 억제하는 것은, 하나님과의 친밀한 교제가 발전하는 것을 방해합니다. 마리아와 마르다가 주저하지 않고 예수님께 말씀드린 것을 주목해서 보십시오. "주께서 여기 계셨더면 내 오라비가 죽지 아니하였겠나이다"(요한복음 11:21,32). 하지만 마리아가 아니라 마르다만 소망이 담긴 말을 더하였습니다. "그러나 나는 이제라도 주께서 무엇이든지 하나님께 구하시는 것을 하나님이 주실 줄을 아나이다"(요한복음 11:22). 마리아와 마르다는 위험을 무릅쓰고 자기들의 감정을 정직하게 드러내었습니다. 이 때문에 주님께서 기분이 상하셨습니까? 성경에는 나와 있지 않아 우리는 정확히 알 수 없습니다. 그러나 예수님께서는 그들을 거절하지 않으셨으며, 장황한 설교를 통해 그들을 가르치려고 하시지도 않았습니다. 부활에 관한 말씀으로 그들을 위로하신 후에, 예수님께서는 무덤으로 가셔서 사람들이 보는 앞에서 눈물을 흘리시며 슬픈 감정을 드러내셨습니다.

이런 친구 관계를 피난처로 삼아, 우리는 하나님께 속마음을 말씀드릴 수 있습니다. 분이 날 때 이를 하나님께 숨길 필요가 없습니다. 우리는 불평을 늘어놓을 수도 있고, 호흡 기도를 드릴 수도 있으며, 아무도 없는 방으로 가서 소리를 지를 수도 있습니다.

때때로 하나님과의 대화는, 아이를 낳지 못하는 것 때문에 하나님께 자기의 마음을 쏟아 놓은 한나의 방식을 따를 수도 있습니다. 한나는 너무나 열심히 기도하였기 때문에, 제사장 엘리는 한나가 술에 취한 것으로 생각할 정도였습니다(사무엘상 1:14)! 혹은, 1분이 되었던 1시간이 되었던 잠깐 짬을 내어 하던 일을 중단하고, 시편을 읽는 시간을 가질 수도 있습니다. 그리고 시편 기자들처럼, 분노를 그대로 다 드러내고, 하나님께서 그 동안 베풀어 주신 은혜를 다시금 생각한 다음, 하나님께서 개입하여 주실 것을 간구하거나 찬양함으로써 끝을 맺습니다.

이런 시편을 통해 우리는 새로운 호흡 기도를 생각할 수도 있고,

우리의 상한 감정에 하나님께서 지속적인 관심을 가지고 계시다는 것을 상기시켜 주는 상징물(흔들의자, 촛불…)을 만들 수도 있습니다. 이런 방식을 따라, 순종하는 마음으로 기도를 시작하면, 우리의 마음에 새로운 평안을 얻을 수 있으며, 하나님과의 친구 관계를 더욱 견고히 할 수 있습니다.

묵상과 적용을 위하여

당신의 마음을 상하게 하는 사람을 생각해 보십시오. 그 사람의 필요는 무엇입니까? 당신의 가정이나 직장에서, 그 사람의 필요를 위해 기도할 수 있도록 상기시켜 주는 물건에는 어떤 것이 있습니까?

―――――

당신은 생각이나 감정을 하나님께 드러내지 않고 숨겨 온 것이 있습니까?

―――――

삶 속에 생기는 상한 감정을 다루는 데 도움을 얻기 위해, 어떤 방식으로 하나님의 임재를 연습할 수 있겠습니까?

제 9 장

괴로울 때 기도하라

어두운 예배당에 들어섰을 때, 나는 왜 그곳에 왔는지도 잘 모르는 상태였습니다. 아이들이 조금 떨어진 건물에서 모임을 갖고 있었고, 나는 몇몇 교회 친구들에 대해 걱정을 하며 그곳에 앉아 있었습니다. 그들 중의 한 명은 시한부 인생을 살고 있었는데, 나는 그를 생각하면서 그가 예배당에서 흔히 자리잡는 오른쪽 줄 의자에 앉았습니다. 어두움 속에서 그를 위하여 기도하려고 애썼지만, 아무 말도 나오지 않았습니다. 그래서 그냥 앉아서, 그를 위해 슬퍼했습니다. 그가 흔히 앉는 방식대로, 등을 구부리고, 팔꿈치는 무릎 사이에 넣고, 손으로는 머리를 감쌌습니다. 그를 위해 기도하고 있다는 것을 알 수 있었지만, 어떤 내용으로 기도했는지는 기억나지 않았습니다.

몇 분 후에, 나는 자리를 옮겨 다른 한 친구가 흔히 앉는 자리로 갔습니다. 그 친구는 교회의 다른 사람에게 배반을 당했다는 느낌이 들어 원망을 하고 있었습니다. 그러나 다른 사람들에게 알려지기는 원하지 않았습니다. 나는 그 친구가 늘 하던 대로 허리를 펴고 꼿꼿

이 앉았습니다. 그녀는 종종 "나는 곧 발포(發砲)할 거야! 주의해!"라고 하는 듯한 표정을 지었습니다. 그녀를 위해 몸으로 기도를 하면서, 나도 그런 표정을 지어 보았습니다.

마지막으로, 복도 가운데로 가서 가정적으로 어려움이 있는 한 친구가 늘 앉는 자리로 갔습니다. 그는 마치 남편이 와서 앉기를 기다리고 있는 듯이, 항상 자기 옆의 빈 의자에 손을 걸쳐놓고 앉았습니다. 그의 슬픔을 느끼면서, 그와 그의 남편은 각기 어떤 식으로든 하나님께 버림받았다는 느낌을 갖고 있을 것이라는 생각이 들었습니다. 나는 다음과 같은 기도를 하였습니다. "하나님께서 그들을 사랑하고 계심을 그들로 알게 하소서."

그때 나는 우범 지역에 있는 어두운 예배당 안에 혼자 앉아 있는 것이, 별로 지혜롭지 못하다는 것을 깨닫게 되었습니다. 나는 무엇 때문에 그곳에 앉아 있는가? 나는 수주 동안 이 친구들을 위해 기도를 많이 했기 때문에, 이곳에서는 기도가 거의 나오지 않았습니다. 나는 어둠 속에서 그들의 고통을 하나님께 내려놓으며 같이 느껴 보려고 했습니다.

잠시 뒤에 나는 몇 가지 일을 보러 그곳을 떠났으며, 아이들을 데리러 다시 돌아왔을 때 예배당 안에 불이 켜져 있는 것을 보았습니다. 발꿈치를 들고 살며시 들어가 보았는데, 내가 기도했던 사람 중에 한 명이 피아노를 치고 있었습니다. 잠시 주저하다가 그에게 다가가 피아노에 기대어 서서 "당신은 하나님께 큰 사랑을 받고 있습니다"라고 말했습니다. 그는 멍한 표정을 짓고 있었으나, 눈에는 눈물이 가득하였습니다. "저는 바로 그 말을 듣고 싶었습니다"라고 그는 대답하였습니다.

괴로움이 너무 심하여 말로 표현할 수 없을 때에는, 재를 뿌리고 앉았던 욥처럼 하는 것도 도움이 됩니다(욥기 2:8). 이는 그리스도인은 항상 승리하며 절대로 실망에 빠지지 않는다고 하는 생각과는 정반대가 됩니다. 이런 초능력 그리스도인에게 환경은 결코 문제가 되지 않습니다. 사람들로 인하여 당황하는 일도 없습니다. 그들에게는 마치 하나님께서 인생의 모든 고통과 문제를 다 없애 버린 것처럼 보입니다.

물론 성경에서는 이와 다르게 가르칩니다. 다윗은 다음과 같이 기록합니다.

> 여호와는 마음이 상한 자에게 가까이 하시고, 중심에 통회하는 자를 구원하시는도다. (시편 34:18)

사도 바울도 하나님의 뜻을 행하고 있었지만, 고난을 당하였습니다. "우리가 사방으로 욱여쌈을 당하여도 싸이지 아니하며, 답답한 일을 당하여도 낙심하지 아니하며, 핍박을 받아도 버린 바 되지 아니하며, 거꾸러뜨림을 당하여도 망하지 아니하고"(고린도후서 4:8-9).

고통의 시간들을 통해 우리는 변화를 경험할 수도 있습니다. 자기 연민을 벗어 버리고, 대신에 모든 힘을 다하여 하나님을 갈망하는 것입니다. 마음이 괴로울 때, 우리는 시편 기자의 다음과 같은 절규를 이해하고 맛볼 수 있습니다.

> 하나님이여, 사슴이 시냇물을 찾기에 갈급함같이 내 영혼이 주를 찾기에 갈급하니이다. 내 영혼이 하나님, 곧 생존하시는 하나님을 갈망하나니, 내가 어느 때에 나아가서 하나님 앞에 뵈올꼬? (시편 42:1-2)

시련의 시기가 끝나도 절규하는 마음은 지속되어, 하나님의 임재를 계속 맛볼 수 있습니다. 친구 관계는 견고해지고, 이런 관계가 사라지지 않기를 바라게 됩니다. 아브라함은 약속을 기다리는 동안 여러 어려운 환경 속에서도 하나님을 믿음으로 이런 경험을 하였습니다. "아브라함이 하나님을 믿으니, 이것을 의로 여기셨다는 말씀이 응하였고, 그는 하나님의 벗이라 칭함을 받았나니"(야고보서 2:23).

고통 속에 임재하시는 하나님

하나님이 빛이시며 항상 달콤한 분이라고 생각하는 사람은, 고통스런 순간 가운데 있을 때에는 하나님을 떠나고자 하는 유혹을 받습니다. 그러나 고통 가운데서도 우리는 하나님께 부르짖어야 합니다.

> 여호와여, 잉태한 여인이 산기가 임박하여 구로하며 부르짖음같이, 우리가 주의 앞에 이러하나이다. (이사야 26:17)

로스앤젤레스에 폭동이 일어났을 때, 여러 해 동안 우리가 살았던 이웃집이 불에 타는 것을 지켜보면서, 큰 고통을 느꼈습니다. 이 동네에 새로이 이사온 사람들이, 마치 로스앤젤레스 남중부에 사는 사람들은 모두 약탈자인 것처럼 얕보는 말을 하는 것을 보고 마음이 위축되었습니다. 이전에 살던 이웃 사람들은 상당히 용기 있는 사람들이었기 때문에, 나는 그들을 존경하기까지 했었습니다. 내가 그들을 위해 얼마나 지속적으로 기도하고 있었는지를 잘 몰랐었는데, 어느 날 신문지 위에 내가 "겟세마네 동작"을 취하고 있는 것을 보며, 남편이 웃을 때야 알게 되었습니다. 나는 신문을 보다가 무의식중에 팔과 손을 앞으로 내밀고 있었는데, 마치 겟세마네 동산에서 기도하시는 예수님의 모습을 그린 그림과 비슷한 모양이었습니다. 신문에서 희생자 명단을 보며, 그 사람들의 가족을 위해 슬퍼하였습니다. 그 주 토요일에 있을 청소를 위해 어떤 일정을 취소해야 하는가를 깊이 생각하였습니다. 나는 더욱더 은혜와 긍휼을 베푸는 삶으로 그리스도인들을 인도하여 주시도록 하나님께 기도하였습니다.

유혹을 받을 때 임재하시는 하나님

아마도 하나님의 임재를 가장 원하지 않고 두려워하는 순간이 있다면, 바로 유혹을 받을 때입니다. 맛있는 아이스크림을 막 먹으려 하고 있거나, 다른 사람에 관해 험담을 하려고 할 때에, 하나님의 임재를 즐기는 것은 차치하고서라도 하나님께 말씀드리기를 원하는 사람이 어디 있겠습니까? 그러나 유혹 가운데서 하나님의 임재를 연습하는 것은, 견고히 서기 위해 꼭 필요합니다(에베소서 6:14). 수잔 하워치의 소설에 나오는 찰스 애쉬워드라는 목사는, 이런 견고히 서는 태도를 취하였습니다. 그는 한 여자에게 의미심장한 말을 하고 나서 하나님을 의식하고는 곧바로 대화의 어조를 바꾸었습니다. 그 여자는 이런 변화를 눈치 채고는 다음과 같이 말했습니다. "하나님께서 당신 삶의 중심에 계시지요? 당신이 원하는 대로 될 때, 하나님께서는 조용히 그 자리를 떠나시는 분이 아닙니다. 하나님께서는 언제나 함께 계십니다. 그리고 … 당신은 하나님께서 함께하고 계심을 알고 계시는군요."

유혹 가운데 있을 때, 하나님과의 교제 가운데 계속 거하고자 하는 태도는 강한 생명선(生命線)이 됩니다. 나는 같은 직장에서 일하는 한 동료와 함께 회사의 윗사람들에 대해 불평을 하고 있었는데, 그는 대화 도중에 멈추어 다음과 같은 말을 했습니다. "하나님께서 내 줄을 잡아당기고 계십니다. 나는 이런 식으로 말할 필요가 없습니다. 그들은 최선을 다했고, 나는 이에 대해 감사하고 있습니다." 대화 도중에 회개하는 그의 본이 되는 행동을 보고, 나는 하나님께서 팔꿈치로 찌르듯이 말씀해 주시는 것을 잘 듣고, 가능한 대로 빨리 응답하는 것이 중요함을 배우게 되었습니다.

때로 유혹이 너무나 공격적이어서, 하나님의 임재를 몰아내는 것처럼 보일 때도 있습니다. 이전에 강한 유혹과 싸웠던 적이 있었는데, 하나님의 임재를 온전히 즐길 수 있는 장소로 피해야 할 필요를 느꼈습니다. 운동화를 신고 찬양 테이프를 준비한 후에, 근처 계곡 길로 가서 여러 시간을 걸으며 하나님께 기도하였습니다. 나는 잡초를 뜯어 조그만 뭉치를 만든 후에, 나의 결단을 보이기 위해 가파른 둑 밑으로 던졌습니다. "하나님, 저는 이렇게 연약한 상황에 있는 게 진저리가 납니다. 저는 빠져 나오고 싶습니다. 이것이 하나님을 제 삶에서 몰아내고 있어요. 하나님께서 다시 돌아오시기를 원합니다"라고 크게 외쳤습니다.

일주일 뒤에 다시, 계곡 길 위에 서서 발을 쾅쾅 구르며 말했습니다. "하나님, 언제 이 문제를 제거해 주실 건가요? 제가 언제 굴복하게 될까요? 제가 무엇을 해야 할지 가르쳐 주옵소서." 당신도 짐작할 수 있겠지만, 아무 일도 일어나지 않았습니다. 그래서 계속 걸었습니다. 계곡의 절벽을 바라보면서, 나는 가파른 절벽을 줄을 타고 능숙하게 내려갈 줄 아는 우리 아들을 생각했습니다. "나는 아니야. 나는 두려워. 너무나 약해. 한번도 줄을 타고 내려가 본 적이 없어. 나는 그냥 매달려 있고 싶어."

매달린다고? 시편 기자도 매달리지 않았던가? 찬송가 가사 하나가 마음속에 울려 퍼졌습니다. "내가 고난 중에 처했을 때 주님은 나의 도움이 되셨네. 나는 주님께 매달리리." 나는 하나님을 위해 위험한 묘기를 하려고 했던 것이 잘못임을 알게 되었습니다. 어떤 유혹에도 흔들리지 않는 그리스도인이 되려고 한 것입니다. 나는 절벽에 매달려 있는 것처럼, 유혹 가운데 있을 때에는 오직 하나님께 매달려야만 유혹에 대항하여 견고히 설 수 있다는 것을 알게 되었습니다. 시편 기자는 다음과 같이 기록했습니다.

> 주는 나의 도움이 되셨음이라. 내가 주의 날개 그늘에서 즐거이 부르리이다. 나의 영혼이 주를 가까이 따르니[매달리니] 주의 오른손이 나를 붙드시거니와. (시편 63:7-8)

연약함 중의 강함

이런 어쩔 줄 모르는 상황에서 우리는 상한 마음을 하나님께 내려놓습니다. 이를 통해 우리는 하나님을 아는 목표를 향해 더욱 나아가게 됩니다. 상한 마음은, 하나님과 우리를 갈라놓는 자기 충족(充足)이란 벽을 무너뜨릴 수 있기 때문입니다. 만약 하나님과 친밀한 관계를 개발하기 원한다면, 고통 가운데 있을 때나 유혹 가운데 있을 때에도, 하나님과 떨어져 있을 수는 없습니다. 평생에 걸쳐 이루어지는 우리의 변화 과정을 통해, 하나님께서는 하나님을 밀어내고자 하는 우리의 고집스런 태도를 바꾸십니다. 또한 하나님께서는 우리가 하나님과 연합하며 세상을 향한 하나님의 인자하신 뜻을 실천하는 삶을 살라고 간절히 호소하고 계십니다.

신약성경에서, 예수님을 알게 된 사람들은 바로 마음이 상한 사람들이었습니다. 열두 해 동안 혈루병을 앓았던 여인을 생각해 보십시오. 자기의 병을 고치기 위해 모든 돈을 다 허비하였지만, 아무런 소용이 없어서 자포자기한 상태였습니다. 예수님의 뒤로 다가가서, 조용히 옷자락을 만졌습니다(마가복음 5:25-34). 그 여인처럼, 우리는 상한 마음을 통해, 인생을 멋있게 살아가기 위해 갖은 수단을 다 동원해 보지만 효과가 별로 없다는 사실을 받아들일 수 있게 됩니다. 아무리 많은 책을 읽어도 우리를 구원할 길은 없습니다. 하나님께 "착한 아이"로 보이는 것도 더 이상 소용이 없습니다. 우리가 받는 고통과 유혹을 있는 그대로 하나님 앞에서 자유롭게 말씀드릴 수 있습니다. 마치 고침을 받은 여인이 예수님의 발 앞에 엎드려 두려움에 떨며, 많은 사람들이 보는 앞에서 "모든 진실"을 주님께 말씀드린 것처럼(마가복음 5:33), 실패는 자기를 방어하는 태도를 벗겨 내며, 우리를 하나님 앞에 연약한 모습 그대로 나아가게 합니다.

아마도 당신은 마음이 힘들거나 고민이 될 때 하나님과 긴밀한 교제를 유지할 수 있다는 것은 받아들일 수는 있지만, 하나님의 임재를 즐기는 것과 무슨 관계가 있느냐고 의아하게 생각할지도 모릅니다. 즐거움은 물론 기쁨을 누릴 때 생깁니다. 그러나 즐거움은 하나님과의 친밀함이 깊어 가는 축복을 누리고 있다는 것을 알 때에도 생깁니다. 하나님께 우리의 약점을 아뢸 때, 우리는 하나님의 임재를 즐거워할 수 있습니다. 우리의 약점에도 불구하고 하나님의 사랑이 우리를 감싸준다는 것을 알기 때문입니다. 어느 누구도 우리를 그처럼 완전하게 이해하고, 사랑하고, 도전해 주지는 못합니다. 하나님과의 친구 관계가 우리의 고통과 유혹을 없애 주지는 않지만, 우리가 견고히 설 수 있는 힘은 더하여 줍니다.

묵상과 적용을 위하여

하나님과의 대화를 그만두고 싶은 유혹을 가장 많이 받는 환경은 어떤 것입니까? 이런 상황에서 당신이 하나님께 나아가 대화를 나누어야 한다면, 하나님께로부터 어떤 내용의 말씀을 듣고 싶습니까?

―――――

하나님으로 말미암아 당혹감을 느낀 경우가 있습니까?(아니면 세상에서 일어나는 일로 말미암아 당혹감을 느낀 경우가 있습니까?) 이런 감정을 어떤 방식으로 하나님께 내려놓았습니까? 앞으로 그런 경우가 생긴다면 어떤 식으로 하겠습니까?

―――――

다음에 소개하는 시편 가운데서, 당신이 고통하고 있는 것에 대해 격려를 주는 부분은 무엇입니까?

> 여호와여, 내가 주께 피하오니
> 나로 영원히 부끄럽게 마시고
> 주의 의로 나를 건지소서.…

> 여호와여, 내 고통을 인하여
> 나를 긍휼히 여기소서.
> 내가 근심으로 눈과 혼과 몸이 쇠하였나이다.…

> 여호와여, 그러하여도 나는
> 주께 의지하고 말하기를
> "주는 내 하나님이시라" 하였나이다.

내 시대가 주의 손에 있사오니
내 원수와 핍박하는 자의 손에서 나를 건지소서.
주의 얼굴을 주의 종에게 비취시고
주의 인자하심으로 나를 구원하소서.…

주를 두려워하는 자를 위하여 쌓아 두신 은혜
곧 인생 앞에서 주께 피하는 자를 위하여
베푸신 은혜가 어찌 그리 큰지요.
주께서 저희를 주의 은밀한 곳에 숨기사
사람의 꾀에서 벗어나게 하시고
비밀히 장막에 감추사
구설의 다툼에서 면하게 하시리이다.
(시편 31:1,9,14-16,19-20)

제 10 장
막간(幕間)을 이용하여 기도하라

캐롤은 기도에 대해 말하기를 주저하였습니다. 상담을 하던 마가렛이 하나님을 가까이하면서 조용히 쉼을 누리는 시간과 장소를 확보하고 있느냐고 물었을 때, 캐롤은 기도 생활이 충분치 않으며, 올바로 기도하고 있지도 못하다고 했습니다. 그러자 마가렛은, 자기도 기도할 때 때로 기계적인 것 같고 메마른 느낌이 들지만, 그런 경우에도 하나님은 함께하시며 기도를 듣고 계신다고 말하면서 캐롤의 이야기를 들어보려고 시도했습니다.

이 말을 들은 캐롤은 다음과 같이 대답했습니다. "나는 코네티컷 유료 도로에서 기도합니다. 톨게이트 계산대에 이르면 이를 표시로 기도를 합니다." 캐롤은 매일 통근 시간을 기도에 드렸던 것입니다. 각각의 톨게이트 계산대를 볼 때마다, 기도 제목들을 생각하며 기도했지만, 캐롤은 이를 그다지 중요하게 생각하지 않았습니다. 캐롤은 좀더 영적인 것을 해야 한다고 생각했으며, 타고 다니던 낡은 승용차는 거룩한 장소가 되기에는 수준 미달이라고 생각한 것입니다.

하나님께서 늘 함께하시는 친구가 되면, 우리는 삶의 모든 구석구석에서 하나님의 임재를 누릴 수 있습니다. 하나님께 말씀드릴 것이 너무도 많고, 들을 것도 너무도 많아서, 약속 장소에서 기다리는 것도 더 이상 지루하지 않습니다. 주유소에서 주유를 하고 있을 동안에도, 하나님과 다음과 같은 대화를 나눌 수 있을 것입니다.

* "하나님, 에너지를 충분히 공급하여 주시니 감사합니다."
* "개발 도상 국가들이 좀더 많은 자원을 확보할 수 있도록 도와주소서."
* "함께 줄을 지어 기다리고 있는 사람들을 돌아보소서 – 업무에 지친 회사 임원, 어려움에 빠진 부모, 마냥 즐거워하는 십대 청소년들."

하나님의 임재를 의도적으로 즐기게 되면, 삶의 중요한 순간들 사이에 하나님이 들어오시도록 초청하게 됩니다. 어느 곳이라도 거룩한 곳이 될 수 있습니다 – 심지어 화장실도 가능합니다. 변비 때문에 심하게 고생하던 한 친구는, 화장실이 하나님과의 교제 장소로는 최적의 장소라는 것을 발견하였습니다. 그 친구는 심한 고통 가운데서 자기의 필요를 하나님께 아뢸 수 있었고, 평안을 찾을 수 있었습니다.

미리 계획하지 않았던 기도가 우리의 삶을 충만하게 할 수 있습니다. 저술가이며 목회자인 프레드릭 부케너는 이에 대해 다음과 같이 말합니다. "7월 4일 독립 기념일 축제 때 호수 위에서 벌어지는 아름다운 불꽃놀이를 보고 사람들이 터뜨리는 환호성처럼, 때로 당신에게서 '아, 아, 아'라는 소리가 터져 나옵니다. 고통 가운데 있는 사람들을 볼 때 내는 소리, 기뻐하고 있는 사람들을 볼 때 내는 소리, 혹은 당신 자신의 삶에 대하여 한탄할 때 사용하는 말이나 소리 등은 모두 그 자체로 하나의 기도가 됩니다."

현재에 살라

어떤 일과 일 사이의 시간들은 대개 아무 일도 일어나지 않기 때문에, 별로 중요한 때가 아니라고 여겨집니다. 우리의 문화는 생산성에 너무 집착한 나머지, 어떤 일을 완성하고 있거나 새로운 통찰력을 얻고 있지 못하다면, 그 시간은 별로 가치가 없는 것이라고 생각합니다. 마치 다른 곳에서 중요한 일이 일어나고 있기 때문에, 반드시 그곳으로 가야 한다고 생각합니다.

그러나 사실은 그렇지 않습니다. 영원한 것을 바라보는 시야를 계발하면, 아무런 일이 일어나지 않는 경우에라도, 하나님께서는 우리를 기뻐하시며 우리 안에서 역사하고 계심을 이해할 수 있습니다. 다른 순간보다 특별히 더 중요한 순간은 없습니다. 예를 들면, 말씀을 전하기 전에 미리 이를 들을 사람들을 위해 기도하는 시간이나 기간은, 내가 실제로 사람들 앞에 서서 말씀을 전하고 있을 때만큼 중요하다는 것을 이제는 알게 되었습니다. 집중하여 미리 사람들을 위해 기도하는 시간은, 사람들을 변화시키며 사람들의 듣는 태도를 변화시킵니다. 이런 기도 시간을 통해 하나님의 목적을 더욱 잘 알게 되며, 이로 말미암아 더 큰 영감과 확신 있는 태도를 가지고 말씀을 전할 수 있습니다.

하나님의 함께하심을 더욱 의식하게 되면 될수록, 현재 순간에 더욱 큰 관심을 기울이게 됩니다. 우리의 문제는 시간이 없다는 데 있는 게 아니라, 현재 순간의 가치를 제대로 알지 못하며, 하나님께서 그 순간 동안에도 역사하고 계신다는 사실을 깨닫지 못하는 데 있습니다. 과거에 머물거나 미래에 취해 있기보다는, 현재 바로 그 순간을 즐기면, 하나님께서 지금 말씀하고 계실지도 모르는 것을 들을 수 있는 귀가 열리게 됩니다.

현재에 산다는 것은 삶의 결과뿐만 아니라, 그 과정을 가치 있게 생각한다는 것을 의미합니다. 내가 붉은 꽃을 피우는 부우겐빌라를 심을 때, 단지 모양 좋고 색깔 좋은 풍경을 만들고 있는 것만이 아닙니다. 나는 하나님의 피조물들과 교류하면서 멋진 시간을 보내고 있는 것입니다. 손가락으로 흙을 이리저리 파헤치며, 돌멩이와 벌레를 발견하고, 손바닥이 거칠어질 때, 나는 하나님의 임재를 즐길 수 있습니다.

하나님과 친구 관계가 성장하면, 환경에 따라 들려오는 북소리가 아니라, 마음속에서 잔잔히 지속적으로 들려 오는 하나님의 음성을 들으며 살 수 있게 됩니다. 브라더 로렌스에 대해 다음과 같이 기록된 것이 있습니다. "그는 결코 서두르지 않았으나, 그렇다고 빈둥대지도 않았습니다. 모든 것을 때에 맞게 하였습니다. 침착하고 차분한 태도로 안정된 마음을 가지고 행동하였습니다." 이런 태도를 가질 때, 우리는 여러 급박한 소식들이 모조 보석처럼 반짝이는 가운데서, 정말 '극히 값진 진주'와 같은 말을 발견할 수 있습니다.

"현실을 올바로 보십시오! 때로 멍해질 때도 있는데, 그런 조그만 틈바구니 순간들이 무슨 대단한 가치가 있겠습니까?"라고 생각하는 사람도 있을지 모르겠습니다. 우리의 이성과 감정을 항상 최적의 상태로 유지하는 것이 중요하지는 않습니다. 머리가 멍해지고, 마음이 지쳐 있을 때, 우리는 하나님의 임재 가운데 쉬는, 값어치 있는 일을 할 수 있습니다. 하나님께서는 세상을 창조하실 때, 일곱 번째 날에는 일하지 않으심으로써 쉬는 것에 큰 가치를 부여하셨습니다. 그리고 우리의 마음이 하나님의 임재 가운데 쉴 수 있도록 보증을 해주셨습니다(요한일서 3:19). 사실 하나님의 임재는 쉼의 근원입니다. "여호와께서 가라사대, 내가 친히 가리라. 내가 너로 편케 하리라"(출애굽기 33:14). 거듭해서 하나님께서는 우리와 하나님과의 관계를 표현하시는 데에, 쉼과 연관된 말을 사용하셨습니다. 우리는 그리스도 안에 거해야 하며(요한복음 15:4-10), 하나님의 거하실 처소가 되기 위하여 함께 지어져 가고(에베소서 2:22), 하나님은 이스라엘 백성의 거처(시편 90:1)가 되셨습니다. 하나님의 임재 가운데 쉴 수 있기 때문에, 일광욕을 하거나 낮잠을 자거나 책상에서 잠깐 잠을 자는 것도, 하나님과 우리의 거처를 함께하며 쉬는 방법이 될 수 있습니다(요한복음 14:23).

아침과 저녁의 리듬

그리스도 안에 거하는 삶은, 아침과 저녁에 이루어지는 규칙적인 습관을 따를 때, 좀더 쉽게 리듬을 계발할 수 있습니다. 도널드 블로쉬는 다음과 같이 기록합니다. "루터는 기도가 '아침 최초의 일이자, 저녁 마지막 일'이 되야 한다고 생각했습니다. 이어서 루터는 다음과 같이 말합니다. '매일 저녁 침대에서 잠을 청할 때나, 매일 아침 침대에서 깰 때에, 주기도문으로 기도하는 것을 습관으로 삼도록 하십시오. 그리고 만약 시간과 장소가 허락한다면, 무슨 일이든지 하기 전에 기도하십시오.'"

신체 리듬을 존중하라는 말은 적절하다고 봅니다. 우리들 중 많은 사람이 밤에 늦게까지 있다가 아침에는 더디게 일어나는 편인데, 깰 때에 하나님을 생각하지 않을 때에는 죄책감을 느끼기도 합니다. 대신에 우리는 잠깐이나마 하나님의 임재가 하루 삶에 스며들게 할 필요가 있습니다. 아침이 시작될 때, 주님께 하루 일정을 언급하면서, 위험한 일, 감정적인 긴장, 따분한 일 등을 다 말씀드립니다. "여호와여, 아침에 주께서 나의 소리를 들으시리니 아침에 내가 주께 기도하고 바라리이다"(시편 5:3).

잠들기 전 조용한 순간이, 다음 질문을 하기에 이상적인 때입니다. "오늘 하루 동안 하나님은 어디에 계셨는가?" 하루 동안 일어난 일에 대해 감사하고, 감당했던 일이나 환영하는 미소, 혹은 재미있는 이야기를 기억해 봅니다. 우리는 하루 동안 끊이지 않고 함께하여 주신 하나님께 감사할 수도 있습니다. 성경 말씀을 묵상하면서 잠을 청하는 것도 좋은 방법입니다.

만약 우리가 그날 하루 동안 하나님을 잊고 살았더라도 죄책감을 느끼는 대신에, 하나님께서 편안한 쉼을 주실 것이라는 기대를 가질 수 있습니다. 브라더 로렌스는 "성령의 음성을 듣는 사람들은 언제나 성령과 함께하며, 잠을 잘 때에도 마찬가지입니다"라고 말합니다. 주님을 생각하며 하루를 마무리하고 잠이 들면, 성경 말씀이나 찬송가나 복음성가의 가사가 밤중에도 우리 의식 가운데서 계속 어른거리며, 아침에 깰 때까지도 리듬이 지속되기도 합니다.

낮 동안의 리듬

하루를 보내다 보면, 아침부터 저녁 사이에, 하루 종일 잠깐씩 안식의 순간들이 생기는 것을 경험합니다. 어떤 그리스도인들은 기도하는 시간을 하루 일곱 차례에 걸쳐 가짐으로, 이런 안식을 체계적으로 즐집니다. 이러한 안식의 기도 시간에는, 기도할 때 흔히 시편을 사용합니다. "주의 의로운 규례를 인하여 내가 하루 일곱 번씩 주를 찬양하나이다"(시편 119:164)라는 말씀에 기초한 '안식의 기도 시간'은, 동이 틀 때, 오전 6시, 오전 9시, 정오, 오후 3시, 어두워질 때(혹은 일을 마칠 때), 그리고 잠자리에 들기 전에 이루어집니다. 이런 기도의 순간들은 자연적인 신체 리듬을 따라 하루의 삶을 정리할 수 있도록 해줍니다. 우리는 이와 같은 전통적인 시간 일정을 따를 수도 있고, 현재 우리 삶에서 자연스럽게 일어나는 리듬에 맞추어 기도 시간을 가질 수도 있습니다. 즉, 일어나기 전, 출근하여 주차할 때, 오전 휴식 시간, 점심 시간, 저녁 시간, 한 가지 일을 마치고 다른 일을 시작하기 전에 기도하는 것입니다. 모든 전환 시점은 하나님께 말씀드릴 기회가 됩니다. 기도 내용은 아주 다양합니다 – "주님, 더 이상 모임을 가지기 싫어요," "제가 …를 기억하도록 도와주세요," "제가 그 친구에게 어떻게 사랑을 보일 수 있겠습니까?"…

왜 시편을 안식의 기도 시간에 기도로 사용하는지 이해하기는 쉽습니다. 성경에 나오는, 간단하고 복잡하지 않은 이 기도들은 하나님과의 영적 대화에 실제적으로 사용할 수 있습니다. 그 이유를 몇 가지 들면 다음과 같습니다.

* 시편은 아직 해결되지는 않았지만, 어려운 상황에서 구원하여 주실 것에 대한 감사하는 마음으로 고양되어 있습니다.
* 무궁한 사랑, 놀라운 능력, 그리고 신비한 위엄을 인하여 하나님을 찬양하고 높입니다.
* 분노와 걱정이 가득한 마음을 다 쏟아 놓습니다.

이런 것들은 친구와 함께 있을 때 하는 것이 아닙니까? 하나님과의 친구 관계는 가능한 것일 뿐만 아니라 하나님의 뜻이기도 합니다. "이제부터는 너희를 종이라 하지 아니하리니, 종은 주인의 하는 것을 알지 못함이라. 너희를 친구라 하였노니, 내가 내 아버지께 들은 것을 다 너희에게 알게 하였음이니라"(요한복음 15:15).

특별히 어떤 일을 하지 않거나 아무 말이 없어도, 함께 시간을 조용히 보낼 수 있는 사람이 있을 때, 당신은 참된 친구를 가졌다는 것을 알 수 있을 것입니다. 함께하는 것으로 충분합니다. 하나님과 친구 관계를 갖는다는 것도, 하나님과 함께하며 긴장을 풀고, 하루 종일 여러 일 사이에서 그분의 함께하심을 즐기는 것을 의미합니다.

묵상과 적용을 위하여

일과 일 사이의 시간 중에서 가장 지루한 때는 언제입니까?

―――――

당신은 이미 나름대로의 리듬을 가지고 기도 시간을 갖고 있을 것입니다. 즉, 낮 동안에 자연스럽게 하나님께 기도하면서 마음에 쉼을 누리는 시간입니다. 당신의 경우는 언제입니까?

―――――

아침에 일어날 때 존 베일리의 "개인 기도 일기"라는 책에서 발췌한 다음의 아침 기도를 사용해 보십시오.

* "이 아침 기도가 끝날 때, 제 찬양이 끝났다고 생각하고 주님을 잊은 채 하루 종일 살지 않도록 도와주소서. 오히려 이 조용한 순간으로부터 시작하여 하루 종일 매시간마다 기쁨과 능력이 제

게 머물게 하소서."
* "오늘 매시간마다 제가 주님과 가까이할 수 있도록 은혜를 베푸소서."

제 11 장
하나님께 질문하라

한지혜로운 선생님의 권면을 따라, 나는 주님께 "제가 배우고 알아야 할 것이 무엇입니까?"라고 기도했습니다. 뒤꼍 그네에 앉아서 이 질문을 하나님께 드린 후, 앞으로 수 분 동안, 혹은 여러 시간 동안, 혹은 여러 날 동안 주의를 집중하기로 마음먹었습니다. 그날 밤 나는 친척 중의 한 사람이 화가 나 있는 꿈을 꾸었습니다. 나는 그녀와 이미 상당한 대화를 나누었으며, 감정적인 문제를 해결해 주려고 노력했지만, 아무런 소용이 없었습니다. 꿈속에서 나는 그녀 때문에 매우 속이 타고 있었습니다. 그녀는 스케이트를 타고 손을 흔들며 내 옆을 웃으면서 지나갔습니다. 여전히 꿈속에서 나는 하나님께 질문을 했습니다. "그녀가 괜찮을까요? 걱정을 그만해도 될까요?" 다시금 그녀는 내 옆을 지나갔으며, 여전히 손을 흔들었습니다.

다음날 아침, 나는 남편에게 꿈 이야기를 했습니다. 남편과 나는 그 꿈에 어떤 의미가 있을지도 모른다고 생각하였지만, 일단은 내가 그녀를 도우려는 시도를 그만두어야 한다는 결론을 내렸습니다. 그녀가 하나님과 함께 해결해야 할 문제를, 내가 개입하여 "해결"하려는 것일지도 모르기 때문이었습니다. 내가 하나님을 의뢰할 수 있을까?

그날은 어머니날이었고, 우리 교회에서는 참석한 여자 성도들에게 서표(書標)를 나누어 주었습니다. 내 주위에 있던 사람들은 멋진 그림이 인쇄된 서표를 받았지만, 나는 "단념하고 하나님께 맡기라"는 문구만 기록된 것을 받았습니다. 예배를 마친 후, 한 친구와 함께 대화를 나누었습니다. 남편이 거의 죽어 가고 있는 그 친구는, 자기가 남편을 도우려는 노력을 거의 하지 않는 게 오히려 남편에게 가장 큰 도움이 된다는 말을 했습니다. 내 주위에 있는 모든 것이 마치 "단념하라!"는 메시지를 전하는 것처럼 보였습니다.

나는 이 메시지가 하나님께서 주신 것인지에 대해 확신이 없었습니다. 분명한 것은, 하나님께 질문을 하면, 쉽게 지나칠 수 있는 진리를 들을 수 있도록 귀를 열어 주신다는 것입니다. 우리는 하나님께서 오늘 말씀해 주신 것이나, 혹은 지난 수년 동안 말씀해 주신 것을 깊이 묵상할 수 있습니다. 내가 하나님께 질문을 하기 바로 전 날, 나는 분노하고 있는 친척으로 말미암아 걱정에 싸여 있었습니다. 하나님께 질문을 한 뒤, 나는 그녀가 나를 필요로 하면 언제든지 말할 준비는 하였지만, 나머지는 모두 하나님께 맡기게 되었습니다.

질문은 관계를 증진시킨다

하나님께 질문을 던지는 것은, 하나님과의 관계에 있어서 매우 중요합니다. 이는 자기 충족(充足)의 문화 가운데서 우리가 배운 것과는 상반되는 것입니다. 우리는 스스로 질문에 대한 답을 찾으려고 합니다. 사실을 파헤치고, 평가를 하고, 완벽한 해답을 만들어 냅니다. 그러나 우리가 하나님과 친한 친구가 되면서, 인간의 지식은 제한되고 유한하다는 것을 알게 됩니다. 우리는 모든 해답을 다 찾을 수는 없다는 것을 인정하고, 만약 하나님께서 개입하시지 않았다면 하찮은 성취에 불과할 것들에, 새로운 빛과 온기(溫氣)를 불어넣어 주시는 분이 하나님이심을 알게 됩니다. 하나님께 대한 굴복은 결코 쉽게 배울 수 없습니다. 그러나 하나님께 질문을 하기 시작하면, 우리는 근본적으로 다른 방식으로 인생을 살기 시작합니다.

구약 시대에 살던 다윗 왕은 "하나님께 묻는 면"에서 훌륭한 본을 보여 주었습니다. 블레셋이 이스라엘을 공격하기 위해 포위를 한 적이 있습니다. 이때 다윗은 질문을 하면서, 하나님의 응답을 구했습니다. 상식적인 대답은 명백해 보였습니다. 공격을 하거나, 적어도 이스라엘을 지키기 위한 태세를 갖추는 것입니다. 그러나 질문을 받고서 하나님께서는 다윗에게 바로 올라가지 말고, 블레셋 군대 뒤로 돌아가서 뽕나무 수풀 맞은 편에서 저희를 습격하라고 하셨습니다. 하나님께서는 "뽕나무 꼭대기에서 걸음 걷는 소리가 들리거든, 곧 동작하라. 그때에 여호와가 네 앞서 나아가서 블레셋 군대를 치리라"(사무엘하 5:24)라고 말씀하셨습니다. 친구가 되시는 하나님께서 당신 앞에 나아가서 먼저 힘든 일을 다 해주실 때, 이런 일에 함께하는 것은 얼마나 흥미진진한 일인지 모릅니다. 하나님께 적극적으로 질문을 하면, 상식적인 대답에 머무르지 않고, 하나님의 능력과 계획이 함께하는 응답을 경험하게 됩니다.

그러므로 주어진 어떤 시점에서, 우리는 두 개 혹은 스무 개까지도 하나님께 질문을 할 수 있습니다. 이것이 현명한 구매입니까? 나이 드신 어머니에게 어떻게 하면 좋은 친구가 될 수 있습니까? 나를 위협하는 직장 동료에게 어떤 식으로 대해야 합니까?…

"내가 무엇을 알아야 합니까?"라는 질문에는 여러 가지 응답이 있을 수 있습니다. 하나님께서는 새로운 정보를 보여 주실 수도 있고, 단순히 당신이 어떤 정보를 찾아야 하는지에 대해서 깨닫게 해주실 수도 있습니다. 때로는 하나님께서 우리가 이미 알고 있는 것을 기억나게 해주실지도 모릅니다. 한번은 내가 한 친구를 피하고 싶은 마음이 들 때가 있었습니다. 나는 하나님께 여쭈었습니다. "주님, 제가 무엇을 알아야 합니까? 이미 알고 있는 것은 아닙니까?" 며칠 후에 남편에게 텔레비전 미식 축구 중계를 너무 많이 보는 것 아니냐고 말하자, 남편은 다음과 같이 말했습니다. "당신이 자주 쓰는 말이 있잖소? '내 집 앞은 내가 쓸 테니, 네 집 앞은 네가 쓸어라' 하는 속담 말이야." 남편의 말이 내 마음에 남았고, 그 친구에 대해 어떤 태도를 가져야 할지에 대한 지혜가 떠올랐습니다. 사회적으로 이슈가 되는 문제에 있어서, 그 친구와 나는 관점이 달랐습니다. 솔직히 말하자면 나는 그 친구가 견해를 바꾸기를 원했습니다! 그러나 그 친구의 의견은 '그녀의 집 앞'이었습니다. 내 생각은 내가 바꿀 수 있지만, 그 친구의 마음을 바꿀 수는 없는 것입니다.

하나님께 여쭐 수 있는 또 다른 핵심 질문은 "다음에는 무엇을 할까요?"라는 질문입니다. 아무런 목표 없이 방황하거나 자기 스스로 설정한 목표를 위해 애쓰는 대신에, "이제 관심을 어디에 집중해야 합니까?"라고 하나님께 여쭈어 볼 수 있습니다. 다음에는 어떤 영역에서 섬겨야 합니까? 책상 위에 있는 26권의 책 중에서 다음에 읽어야 할 책은 무엇입니까?

프랭크 로바크는 다음과 같이 말합니다. "우리 주님께 '다음에는 무엇을 할까요?'라고 질문을 할 때, 우리는 주님께 초점을 맞추고, 타오르기 시작한 우리의 상상력에 주님의 아이디어를 불어넣어 주실 기회를 주님께 드리게 됩니다." 이렇게 하나님을 찾는 습관을 촉진시키기 위해, 중서부의 한 대학에서는 어떤 교수가 그곳에서 얼마나 오래 강의를 했느냐와 상관없이 매년 꼭 1년씩만 계약을 체결합니다. 대학 당국은 교수들이 이미 대답을 알고 있다는 태도 대신에, 하나님께서 보여 주시는 가능성에 항상 개방적인 태도를 가지고, 하나님께 "다음에는 무엇을 할까요?"라는 질문을 하기 원한 것입니다.

하나님과의 관계가 더욱 친밀해질 때, 우리는 좀더 까다로운 질문을 자유롭게 할 수 있습니다. 시편에는 "얼마나 더 …?"와 "왜…?"라는 질문이 많이 나와 있습니다.

* 왜 인생이 이런 식으로 진행되지요?("어찌하여 열방이 분노하며, 민족들이 허사를 경영하는고?"[시편 2:1])
* 왜 하나님께서는 이런 식으로 대하십니까?("여호와여, 어찌하여 멀리 서시며, 어찌하여 환난 때에 숨으시나이까?"[시편 10:1])
* 왜 하나님께서는 이런 행동을 하십니까?("하나님이여, 주께서 어찌하여 우리를 영원히 버리시나이까? 어찌하여 주의 치시는 양을 향하여 진노의 연기를 발하시나이까?"[시편 74:1])

우리가 이런 질문에 대한 대답을 잘 얻지 못할 때, 이는 아마도 좀더 근본적인 질문, 예를 들면 "내게 변화가 필요한 영역이 무엇입니까?"와 같은 질문을 할 필요가 있기 때문일지도 모릅니다. 원래의 질문에 대한 대답을 들었지만, 우리에게 별다른 의미가 없어 보일 경우, 이는 우리가 겸손, 온유, 혹은 절제의 영역에서 성장할 필요가 있기 때문일지도 모릅니다. 이런 근본적인 질문을 하면 하나님과 협력하여 우리의 성품을 변화시키는 데 도움이 됩니다.

자기 생각을 고집하지 말라

이런 종류의 질문은 언제까지 대답을 얻어야 한다고 고집하지 않습니다. 이런 질문을 할 때 생기는 유익점은, 답을 얻는 데 있지 않고, 대화를 시작하고 하나님과의 관계를 발전시키는 데 있습니다. 마드레느 렝글은 이 진리를 십대인 딸과 어머니의 대화를 통해 전달하고 있습니다.

> 수지는 여전히 화난 목소리로 말했습니다. "기도를 해도, 제브는 오토바이에 치였어요. 할아버지 백혈병도 아직 낫지 않았어요."
> "기도는 마술이 아니란다"라고 어머니는 말했습니다.
> "그럼 왜 기도하지요?" 수지가 얼굴을 찡그리며 말했습니다.
> "그건 사랑으로 말미암아 하는 거야"라고 엄마가 대답했습니다.

하나님과 사랑이 가득 찬 대화를 나눌 때, 우리는 테이블 위에 질문들을 내려놓은 다음에 여유를 가지고, 좋은 생각이나 확신, 정리된 생각, 선명한 이해로 말미암은 평안, 다른 사람의 유익한 조언 등을 응답으로 받을 때까지 기다릴 수 있습니다.

구하고 찾고 두드리는 이 모든 과정 가운데서, 우리는 새로운 소원을 갖게 됩니다. 예를 들어, 당신이 만약 "이 강좌를 들어야 합니까?"라는 질문을 할 때, 여러 가지 가능성이 생길 수 있습니다. 먼저, 양심이 말할 수 있는 여지가 생깁니다. 이는 돈을 지혜롭게 쓰는 길인가?

좀더 알뜰하게 배울 기회는 없는가? 또한 만약 하나님과의 동행을 지속하고 있다면, 당신의 마음은 점차 성령의 지배하에 있게 되는데, 이런 질문을 통해 당신의 마음을 다시 한번 살펴보는 기회가 됩니다. 이 강좌에는 하나님께서 당신에게 주신 열망과 관계된 내용이 들어 있습니까? 하나님께서 당신이 가지기 원하는 직업에 필요한 내용이 있기 때문에, 이 강좌를 들으려고 합니까? 강좌 참여를 핑계로 바쁜 일정을 만들어, 개선의 필요가 있는 여러 관계를 무시하려고 하는 것은 아닙니까? 성품 계발과 생의 목표 설정과 관계된 이런 질문들은, 모두 하나님께 방향을 맞춘 단순한 질문을 함으로써 생겨납니다.

하나님과 대화를 주고받으며 씨름을 하다 보면, 결국에는 하나님을 신뢰하는 마음이 계발됩니다. 프랭크 로바크는 "하나님의 생각을 알기 위하여 질문하는 법을 배워야 합니다. 하나님께 우리가 원하는 것을 말씀드리는 대신에, 우리에게 무엇을 원하시는지를 물을 줄 알아야 합니다"라고 말합니다. 우리가 원하는 것이 좋은 것이라고 하나님을 설득하기보다는, 하나님의 뜻에 우리를 일치시키려고 해야 합니다.

대학 1학년 때 일인데, 나보다 나이가 많은 한 친구가 있었습니다. 그녀는 자기 친구와의 관계가, 하나님과의 관계에 도움이 되지 않는다면 헤어질 수 있도록 기도하였습니다. 나는 충격을 받았습니다. 왜 하나님을 초청하여 좋은 관계를 엉망으로 만들려고 하는가? 그러나 나는 그녀가 나와는 전혀 다른 방식으로 하나님을 신뢰하고 있다는 것을 알 수 있었습니다. 그녀는 하나님과 씨름한다는 것의 의미를 알고 있었습니다. 하나님께 질문을 하고, 하나님의 뜻을 구하는 것입니다. 그렇기 때문에 그녀는 하나님을 의뢰하는 가운데, 자기 생각을 고집하지 않고 열린 태도로 친구를 사귈 수 있었습니다. 나는 그 정도로 하나님을 경험하지는 못했었습니다. 그래서 하나님의 손에 맡기는 그녀의 방식을 보고 겁이 났습니다.

하나님의 임재를 더욱 신뢰하게 되면, 우리는 더욱 적극적으로 커다란 물음표를 삶의 각 영역에 던지며 살고자 합니다.

적극적인 기다림

질문을 던진 후에 우리는, 하나님의 약속을 받았던 사람들처럼 시간을 두고 인내하며 응답을 기다려야 합니다. 아브라함과 사라는 아들이 태어나기를 기다렸습니다. 요셉은 자기의 꿈이 이루어질 때까지 기다렸습니다. 룻과 나오미는 가난 속에서, 기업을 무를 친척을 기다렸습니다. 하나님께서 동행하여 주시면, 아무리 기다려도 걱정되거나 지루하지 않고 초조하지 않습니다.

또한, 이런 기다림은 수동적인 것이 아닙니다. 깨어 있고, 적극적이며, 민감하고, 원기 왕성하며, 헌신적입니다. 재림에 대해 깨어 있으라고 한 것처럼, 우리 주위에서 일어나는 일 속에서 하나님의 임재를 기대하며 깨어 있어야 합니다. 무대는 펼쳐졌고, 연기자도 준비되었습니다. 하나님께서 무대 막을 올리실 때 우리는 놀라지 말아야 합니다. 댈러스 윌러드는 "하나님께서는 우리들에게 필요 충분한 존재가 되기 원하시며, 우리가 우리와 함께하시는 하나님께 마음을 두기를 원하십니다"라고 기록합니다.

적극적으로 기다리면 우리는 잘 들을 수 있습니다. 이 장에서 언급했던, 화가 난 친척에 대해 듣고 누군가가 내게 걱정하지 말라고 했다면, 나는 아마도 "아, 예. 그렇지요. 이미 알고 있어요"라고 말했을 것입니다. 그러나 하나님께 내가 무엇을 알아야 할 필요가 있는지를 물어 봄으로써, 나는 머리로는 이미 알고 있지만, 마음을 다해 따르려고는 하지 않았던 진리를 들을 수 있습니다.

우리가 한 질문에 대한 답을 들으려고 깨어 있으면, 우리는 하나님께 묻지 않았더라면 놓칠 뻔했던 것들을 볼 수 있는 지혜를 얻습니다. 우연처럼 보이는 일들이 일어납니다. 어제는 그냥 지나쳤던 성경 구절이, 오늘은 우리의 이름을 크게 소리쳐 부르는 것처럼 보입니다. 읽고 있던 책에서 갑자기 정보가 튀어나옵니다. 우리가 기도하고 있다는 사실을 전혀 모르는 어떤 사람이 한 말이, 우리의 질문에 대한 답이 되기도 합니다. 우연히 일어난 것처럼 보이는 일들이 우리를 훈련시키려는 하나님의 계획에 맞아떨어집니다. 재앙처럼 보이는 일이 사실은 하나님께서 말씀하시는 '불타는 떨기나무'가 되기도 합니다. 주위 사람들은 우리가 패배했다고 말하지만, 하나님께서는 우리와 함께하시면서 모든 곳에 함께하시는 하나님을 볼 수 있도록 훈련시키십니다. 마치 엘리사가 급박한 상황 가운데 있었지만, 전투의 승리를 위해 하나님께서 보내신 불말과 불병거를 제일 먼저 보았던 것과 같습니다(열왕기하 6:16-17).

하나님께 질문을 하는 과정은, 마치 고교 시절 당신이 유일하게 존경하던 선생님과 대화하려던 경우와 비슷합니다. 당신은 책을 몽땅 짊어지고 선생님을 찾아가지만, 문 앞에서 멈추어 생각에 잠깁니다. '내가 무엇을 해야 할지에 대해 이분께 여쭈어 보아도 괜찮은가? 모든 것을 맡기고 신뢰할 수 있는 분인가?' 하나님께서는 선생님이시지만, 분주하거나, 자리를 비우시거나, 학생들에게 신물이 난 선생님이 결코 아니십니다. 우리가 여쭈어 보는 것을 즐거워하시며, 우리가 필요로 하는 것을 반드시 주시는 분입니다.

묵상과 적용을 위하여

당신이 하나님께 한 질문에 대한 답을 얻기 위해, 적극적으로 기다리며 깨어 있다는 사실을 하나님과 당신에게 잘 알려 주는 호흡 기도에는 무엇이 있습니까?

───────

"이미 알고 있는 것 가운데, 더욱 잘 알아야 할 필요가 있는 것은 무엇입니까?"라는 기도를 드린 후 무슨 일이 일어나는지 살펴보십시오.

───────

당신을 혼란스럽게 만드는 세상의 잡음(雜音)은 무엇입니까? 존 베일리의 기도를 따라 함께 기도합시다.

> 내 안에 계신 하나님, 오늘 내 영혼에 함께하시는 성령의 음성을 들을 수 있도록 은혜를 주옵소서. 하나님께서 말씀해 주시는 것을 모두 주의 깊게 들을 수 있도록 하소서. 세상의 잡음(雜音) 때문에 혼란스럽게 되어 하나님께서 말씀하시는 것을 듣지 못하는 일이 없게 하소서.

제 12 장

하나님의 꿈을 가지라

중국에 선교사로 간 허드슨 테일러가 1874년 고국인 영국으로 돌아왔을 때, 다시는 걸을 수 없을지도 모르는 위험에 처하게 되었습니다. 수개월 동안 침대에 누운 채, 머리맡에 달린 줄을 잡고서야 간신히 옆으로 몸을 움직일 수 있었습니다. 너무도 허약했기 때문에, 편지도 쓸 수 없었습니다. 그러나 허드슨 테일러는 편지를 받아쓰게 했습니다. 침대 발치 벽에는 커다란 중국 지도를 걸어 놓고, 기도하는 가운데 하나님을 기쁘시게 할 계획을 구상했습니다. 이런 상황에서 허드슨 테일러는, 아직 들어가지 못한 중국 내륙에 있는 9개의 성(省)에서 개척 선교를 할 18명의 선교사 후보생을 모집하였습니다.

누군가와 시간을 많이 보내면, 그 사람의 꿈이 무엇인지를 알 수 있습니다. 매일 하나님과 대화하면서 우리는 우리를 향한 하나님의 꿈을 이해하기 시작합니다. 이 과정은 다음과 같은 중요한 질문을 함으로써 시작됩니다. '다음에는 무엇을 할까요? 주님께서 제게 원하시는 꿈은 무엇입니까? 이 세상을 향한 주님의 사역 중에서 제가 감당

해야 할 부분은 무엇입니까?'

　허드슨 테일러는 하나님과의 견고한 친구 관계를 쌓아 가면서, 그를 향한 하나님의 꿈을 이해하였습니다. 그는 성경의 몇몇 어구를 자기의 모토로 삼았으며, 이는 그에게 호흡 기도의 역할을 한 것 같습니다. 예를 들면, 에벤에셀[여호와께서 여기까지 우리를 도우셨다](사무엘상 7:12), 여호와 이레[여호와의 산에서 준비되리라](창세기 22:14), 여호와 닛시[여호와는 나의 기(旗)](출애굽기 17:15)와 같은 말이었습니다. 그를 향한 하나님의 꿈이 무엇인지를 알자, 허드슨 테일러는 잘 보이는 벽면에다 이 계획을 붙여 놓았습니다. 어느 것도, 심지어는 병마(病魔)도, 중국 내지를 복음화하려는 그의 꿈을 막지 못했습니다.

　허드슨 테일러는 또한 하나님을 사랑하는 것과 하나님의 목표를 추구하는 것이 뗄 수 없는 관계에 있다는 것을 보여 준 좋은 모범이 됩니다. 하나님에 대한 우리의 사랑이 자랄수록, 하나님의 관심사는 우리의 관심사가 됩니다. 세상을 복음화하는 것, 대인 관계에서 화평케 하는 자가 되는 것, 가난하고 억눌린 사람들을 섬기는 것에 관심을 가지게 됩니다. 이는 우리의 관심사를 제쳐 두고, 대신에 하나님의 관심사를 취한다는 의미입니다. 예를 들어, 한 교회 지도자가 크고 질적인 교회로 성장시키려는 그의 목표가 실제로는 자기를 위한 것임을 깨닫고는, 자기가 하는 일과 그 일에 담긴 초점을 바꾸기로 하였습니다. 조직을 키우는 대신에, 그는 교인들이 그리스도께서 세상에서 하셨던 일, 즉 복음을 전하고 마음이 상한 자를 돕는 일을 할 수 있도록 무장시켜 주는 방법을 모색하였습니다.

　우리를 향한 하나님의 꿈을 추구하면, 이로 말미암아 우리의 행동과 기도에 많은 변화가 생깁니다. 좀더 편리한 주차 공간을 위해 기도하는 것은 이기주의에 치우쳤다는 느낌을 갖게 되며, 슈퍼마켓에서 물건을 살 때에 허비하는 시간도 그리스도께서 원하시는 의(義)와 인(仁)과 신(信)을 위해 효과적으로 사용될 수 있는지를 생각합니다 (마태복음 23:23). "새로운 셔츠를 사야 하나? 아니면 하나님과의 개인적인 교제를 즐기거나, 갈등하고 있는 친구와 점심식사를 같이하거나, 혹은 이웃집 잔디를 깎아 주는 일을 해야 하나?" 우리는 매일 아침 "주님께서 세상에 대해 가지신 계획을 오늘 저의 삶에서 어떻게 성취해야 합니까?" 혹은 "주님께서 제 앞에 두신 꿈에 저는 얼마나 초점을 맞추고 있습니까?"라는 질문을 더욱 자주 해야 합니다. 세상이 내게 원하는 꿈, 즉 더 많은 물건을 사고, 더 많이 성취하고, 더 많이 인정받으려는 꿈은 사라집니다.

하나님의 뜻: 너무 당혹스럽습니까?

하나님의 뜻을 추구하는 것은, 오늘날의 몇몇 사람들에게는 너무 어려운 문제가 되었습니다. "해외에 나가는 직업을 구해야 합니까?" "성경 공부 인도를 해야 합니까?" 우리는 마치 하나님께서 교통 신호등처럼 빨간 불이나 파란 불을 깜박여 주신다고 생각합니다.

나는 이런 고민에 빠진 사람을 본 적이 있습니다. 사람들 앞에서 자주 강연을 하는 한 사람이 내게 말하기를, 강연을 해달라는 초청을 받을 때에는 대답하기 전에 먼저 기도한다고 했습니다. 나는 영적이라고 생각했습니다. 그러나 실제로 그녀가 하나님께로부터 '그렇게 하라' 혹은 '그렇게 하지 말라'는 분명한 응답을 받았을지가 궁금해서 물어 보았습니다. 그녀는 꼭 그렇지는 않다고 대답하면서, 한번은 기도하지 않고 강연 약속을 했는데, 나중에 같은 날짜에 더 많은 초청료를 줄 테니 와서 강연을 해 달라는 요청을 받았다는 설명을 덧붙였습니다. "이해가 됩니까? 내가 만약 기도했더라면 처음 초청은 거절했을 것이고, 나중 제안을 받아들였을 것입니다"라고 그녀는 말했습니다. 이런 사고 방식 때문에, 기도가 마치 우리가 원하는 것을 얻을 수 있도록 해주는 주문(呪文)처럼 들립니다. 이런 태도는, 하나님과 함께 하나님의 목표와 꿈에 대해 나누는 대화를 무시하는 것이며, 하나님을 단순히 자동판매기 정도로 격하시키는 것입니다. 즉, 우리가 기도라는 동전을 넣으면, 하나님으로부터 이 세상이 가치 있다고 말하는 돈, 성공, 권력을 받는 것입니다. 이는 상품을 추구하는 사람이지, 하나님을 추구하는 사람이 아닙니다.

　우리를 향한 하나님의 목적을 분별하는 일은, 훨씬 단순할 수 있습니다. 하나님께서는 모든 사람이 그리스도를 알기 원하십니다. 이 커다란 봉투 안에다, 하나님께서는 각 사람을 위한 꿈을 넣어 주시며, 이 꿈을 이루기 위한 순간 순간의 일도 보여 주십니다. 우리는 날마다 이 봉투를 열어 보고, 우리를 인도하시기 위해 한 손은 뒤로 뻗어 우리를 잡으시고, 다른 한 손은 하나님께서 당신에게 원하시는 것을 가리키고 계신 주님을 발견할 때까지, 하나님과 대화를 주고받으며 주님의 뜻을 잘 들어야 합니다.

　이 손은 어떤 식으로 우리를 인도하십니까? 하나님과 지속적으로 교제하면, 우리의 성품과 원하는 바가 변화합니다. 하나님께 질문을 하고 그분의 의도를 깊이 묵상하면, 우리는 겉으로만 인자한 행동을 하는 사람에서 성품이 인자한 사람으로 변화합니다(미가 6:8). 인자한 행동은 단순한 행동에 불과한 것이 아니라 우리의 성품의 일부인 것입니다.

　하나님의 임재를 즐길 때, 하나님께서는 장차 직면하게 될 결정의 때를 위해 우리를 준비시키십니다. 하나님과 단둘이 교제할 때에, 우리는 우리의 목표와 시간, 직업과 사역을 주님께 드리며 "주님께서 제게 보여 주시는 것을 깨닫게 하소서"라고 기도합니다. 우리는 심지어 하나님께서 인도하셨다고 보이는 좋은 활동들도 하나님께 드려서, 우리의 동기를 살펴보시도록 해야 합니다.

그러면 우리가 보기에는 거룩하지 않은 평범한 순간 가운데 이 주제가 다시 떠오릅니다. 욕실 안에서, 자동차 안에서, 공구점에서 하나님의 진리가 우리에게 손짓하고, 다른 사람의 필요가 우리를 맹렬히 따라오기까지 합니다. 잠잠하고 조용히 들려 오는 이 소리는 우리 안에 있는 장부(帳簿)에 기록이 됩니다. "네 아이에게는 …가 필요하다," "네 교회에는 …가 필요하다," 혹은 "네 마음에는 …가 필요하다." 그러면 결정은 그리 어렵지 않습니다. 단지 우리 안에 기록된 장부에 기초하여 결정하면 됩니다. 이 결정이 지금까지 당신이 하나님과 나누었던 대화와 어떻게 일치합니까? 하나님께서는 최근에 무엇을 말씀하여 주셨습니까? 인도를 구하는 기도는 좀더 쉽습니다. "이것은 하나님께서 제게 말씀해 주시는 것이라 믿습니다. 만약 제가 잘못 이해하고 있는 것이 있다면 깨닫게 하소서." 기다리면 기다릴수록 더 많은 응답을 받게 됩니다.

하나님의 목표를 탐구함

느헤미야는 하나님의 목표를 탐구하고, 이를 추구한 좋은 본을 보여 줍니다. 황폐한 예루살렘 성벽을 위해 슬퍼하고 애타하며 금식한 후에, 그는 예루살렘으로 돌아가 성벽을 돌아보아도 좋다는 왕의 허락을 받았습니다. 느헤미야는 바벨론에서 예루살렘까지 가서, 밤에 성벽을 살펴보았습니다. 느헤미야는 이렇게 말했습니다. "내 하나님이 내 마음을 감화하사 예루살렘을 위하여 행하게 하신 일을 내가 아무 사람에게도 말하지 아니하고"(느헤미야 2:12). 건축 감독을 하고, 성을 다스리고, 백성들에게 동기를 부여하는 모든 과정 가운데서 느헤미야는 기도했고(느헤미야 2:4, 4:4,9, 5:19, 6:9,14), 장애물들을 극복할 통찰력과 힘을 공급받았습니다.

느헤미야처럼 우리도 세상에 대하여 하나님께서 가지신 계획을 잘 들음으로써, 우리를 향한 하나님의 꿈을 알 수 있습니다. 토마스 켈리는 이렇게 기록합니다. "사랑이 많으신 하나님께서는 모든 짐을 우리에게 다 지우시지는 않습니다. 우리 각자에게 몇 가지 핵심적인 일을 사려 깊게 골라 주셔서, 집중적으로 책임을 감당하도록 하십니다. 우리 각 사람이 자기에게 주어진 이런 특별한 책임을 감당하는 것은, 사랑의 짐을 즐거이 지는 일에 함께 동참하는 것입니다."

하나님과 지속적인 교제를 경험할 때, 특히 우리의 아픔과 걱정을 솔직하게 표현할 때, 하나님께서는 이런 특별한 책임을 우리에게 분명히 보여 주심으로 우리 스스로가 이를 담당하게 하십니다. 하나님의 마음에 짐이 되시는 것을 우리에게도 짐이 되도록 허락하십니다. 월드비전의 창시자 봅 피어스의 기도가 좋은 참고가 됩니다. "제 마음이 주님의 마음을 상하게 하는 것으로 상하게 하소서."

하나님의 마음을 상하게 하는 것 가운데 당신의 마음을 상하게 하는 것은 무엇입니까? 십대 미혼모입니까? 하나님의 말씀을 잘 해석하지 못하는 것입니까? 아직 복음을 듣지 못한 수많은 사람들입니까?… 이 질문에 대한 당신의 응답이 바로 당신의 "특별한 책임"을 보여 줄 것입니다. 만약 하나님께서 당신에게 주신 목표라면, 다른 사람이 가진 목표에 비해 큰 것이 아니라 하더라도 문제가 되지는 않습니다. 리차드 포스터는 "마음속에 긍휼을 느끼는 것이 있다면, 이는 당신이 집중해서 기도해야 한다고 가르쳐 주시는 하나님의 인도하심입니다"라고 말합니다. 그리고 이와 같은 기도의 짐은, 어떤 식으로든 당신이 이 일에 참여하지 않고서는 하루도 견디기 힘들 때까지 지속됩니다.

허드슨 테일러는 그의 "특별한 책임"이, 선교사를 징모하여 중국 내지(內地)를 복음으로 정복하는 것임을 알았습니다. 처음에 사람들은 그가 어리석다고 생각하고는 그를 믿지 않으려 했습니다. 그의 사역이 성공할 것처럼 보일 때, 그는 또 다른 일을 제의받았습니다. 그러나 그는 하나님께서 주신 임무에 집중하였습니다.

지난 몇 년 동안 하나님께서는 내가 초점을 맞추어야 할 하나님의 관심사가 무엇인지를 분명히 보여 주셨습니다. 내 마음을 상하게 하는 것들이었는데, 사람들이 하나님과 긴밀한 관계를 가지도록 돕는 것, 가난하고 억눌린 사람들을 위해 기도하는 것, 과거에 받은 감정적 상처가 아물도록 사람들을 돕는 것, 목회자 가족을 대상으로 사역하는 것, 그리고 미국 교회가 반짝이는 일보다는 하나님의 목표에 초점을 맞추도록 촉구하는 것이었습니다.

책이나 기사를 쓰고, 말씀을 전하도록 요청을 받을 때, 나는 여전히 받는 보수와 명예에 의거하여 결정을 내리고자 하는 유혹을 받습니다. 그러나 나는 하나님께서 내 앞에 주신 목표에 맞지 않으면 '아니오'라고 대답하는 것을 배우고 있는 중입니다. 내가 다니는 교회에서 여성 사역을 책임져 달라는 부탁을 받았을 때, 나는 이를 거절하고 대신에 한 그룹만을 인도하였습니다. 시간 사용에 대한 말씀을 전해 달라는 부탁을 받았을 때, 나는 이를 거절하고 대신에 하나님께 가까이 가는 일에 초점을 맞춘 한 수양회에 참석해 달라는 초청을 받아들였습니다. 여성 사역이나 시간 사용도 중요합니다. 그러나 나는 하나님께서 나를 부르셨다고 믿는 일에 집중해야만 합니다. 우리가 이런 식으로 행동할 때, 하나님께서는 단지 교통 신호등처럼 파란 불이나 빨간 불을 깜박이는 분이 아니라, 우리에게 주시는 비전을 명확히 조명(照明)하여 주시는 '떨기나무 불꽃'과 같으신 분입니다.

하나님의 임재를 즐기는 것은, 세상이 절망 가운데 허덕이고 있을 때 하나님과 단둘이 파티를 즐기는 것이 아닙니다. 하나님의 무릎에 가만히 앉아 있고, 이 세상을 향한 하나님의 뜻을 행하는 모험은 회피하는 것이 아닙니다. 하나님의 무릎에 앉을 때, 우리는 이 세상을 향한 하나님의 일에 초점을 맞추게 되며, 하나님을 아는 지식을 온 세상에 전할 용기와 동기력을 공급받게 됩니다. 하나님과 개인적인 교제를 발전시키면, 우리는 다른 이의 칭찬이나 인정이 없어도 섬기는 삶을 살게 되며, 세상이 성공이라고 생각하는 것 그 이상을 추구하는 삶을 살게 됩니다.

묵상과 적용을 위하여

하나님의 인도하심을 받고 있다고 느낄 때는 언제입니까? 즉, 우리를 인도하시기 위해 한 손은 뒤로 뻗어 우리를 잡으시고, 다른 한 손은 하나님께서 당신에게 원하시는 것을 가리키고 계신 하나님을 발견할 때는 언제입니까?

―――――

하나님의 마음을 상하게 할 것이라고 생각하는 것 중에서, 당신의 마음을 상하게 하는 것은 무엇입니까?

―――――

"나를 통해 생각하소서"라고 제목을 단, 선교사 에이미 카마이클의 기도를 실행해 보십시오.

성령이시여,
나를 통해 생각하소서.
주님의 생각이
나의 생각이 될 때까지.

제 13 장

하나님께 귀를 기울이라

그물리 치료사는 깜짝 놀랐습니다. 자기가 가르쳐 주지도 않은 체조를 환자가 하고 있었기 때문입니다. 마리는 교통사고를 당했는데, 난간을 잡지 않고서는 조금도 걸을 수 없었습니다. 그런데 뒤로 걷기 시작하자, 아무것도 잡지 않고도 걸을 수 있었습니다! 며칠 동안 이 기술을 배우고 익혀 자신감을 갖자, 이제는 앞으로도 역시 걸을 수 있었습니다.

어디에서 뒤로 걷는 아이디어를 얻었느냐고 물리 치료사가 물었더니, 마리는 "하나님께요. 하나님께서 내게 말씀해 주셨어요"라고 고백했습니다. 마리는 세계 곳곳을 다니며 교회를 세운 경험이 있었는데, 원래 교육을 많이 받은 사람으로, 다른 사람들이 "하나님께서 내게 …라고 말씀해 주셨어요"라는 말만 들어도 거부 반응을 보이던 사람이었습니다.

하나님께서는 마리에게 다른 아이디어도 주셨습니다. 교통사고의 후유증으로 말을 심하게 더듬었고, 마리 자신도 자기의 말을 듣는 것이 참기 힘든 정도였습니다. 이미 기도에 상당한 시간을 들이고 있었는데, 왜 소리를 내어 기도하지 않느냐는 생각이 들었습니다. 그래서 매일 두 시간씩 소리를 내어 기도했습니다. 많은 사람 앞에서 말씀을 전하는 마리에게는, 참으로 훌륭한 언어 교정 연습이 되었습니다.

하나님과 지속적으로 교제하다 보면, 하나님께서 말씀해 주시는 순간이 있고, 우리가 듣는 순간이 있다는 것을 발견하게 됩니다. 하나님께서 우리에게 말씀하고 계시다는 생각을 하면 겁이 날 수 있지만, 이는 특이한 것이 아니라 지극히 정상적인 것입니다. 토마스 켈리는 "우리 모두는 하나님의 거룩한 음성을 들은 경험이 있습니다"라고 말하며, 우리에게 확신을 심어 줍니다.

때로 하나님께서는 당신이 전에 읽은 성경 구절을 통하여 말씀하십니다. 전에 읽을 때는 그냥 지나쳤는데, 이번에는 그 말씀이 살아 움직입니다. 이를 위해서는 그 성경 구절이 당신의 현재 상황에 대해 무엇을 말하는지를 깊이 묵상해 보는 것이 필요합니다. 예를 들어, 마리는 사고를 당한 후에 시편 69:32을 읽었습니다. "온유한 자가 이를 보고 기뻐하나니, 하나님을 찾는 너희들아, 너희 마음을 소생케 할지어다." 이 구절을 읽고 마리는 사고로 인하여 많은 것들이 변했지만, 자기가 사역에서 느끼고 있던 큰 기쁨은 변하지 않았다는 사실이 생각났습니다. 이전에 마리는 여러 가지 교회 활동을 통해 주님을 섬기는 일에 기쁨을 누렸는데, 이제는 기도라는 새로운 사역을 통해서 새로운 기쁨을 누리게 되었습니다. 대단치 않아 보이는 이러한 조그만 통찰력으로 말미암아, 우리는 꾸준히 변화하는 삶을 지속할 수 있으며, 하나님과의 교제를 통해 좀더 그분의 형상을 닮은 사람으로 변화하게 됩니다.

그러나 성경을 읽어도 하나님께서 말씀해 주시는 것을 발견하지 못하는 사람들도 있습니다. 아마도 의무감 때문에, 성경 공부 시간 준비를 위해, 혹은 자기의 주장을 뒷받침하기 위해 성경을 읽지, 하나님을 만나고 그분의 말씀을 듣기 위해 성경을 읽지는 않기 때문일 것입니다. A. W. 토저는 다음과 같이 권면합니다. "[성경은] 하나님께서 이전에 말씀하신 것을 담은 책일 뿐만 아니라, 현재 말씀하고 계시는 것을 담은 책입니다.… 만약 계속해서 주님을 알아 나가고자 한다면, 성경이 당신에게 말씀하여 주실 것이라는 기대감을 가지고 즉시 성경을 펴십시오. 성경은 형편에 따라 옆으로 밀어 놓을 수 있다는 마음으로 대하지는 마십시오." 우리가 이미 알고 동의하는 것을 찾기 위해 성경을 보는 것이 아니라, "내가 알아야 할 것이 무엇인가?"라는 질문을 하면서 성경을 대하는 것이 지혜롭습니다.

그러나 하나님께서 우리에게 말씀하여 주시는 것을 묵상할 때, 건전한 회의(懷疑)는 필요합니다. 사람들이 하나님께로부터 받았다고 주장하는 메시지를 들어보면, 대개는 자기들이 원하는 바를 하나님의 말씀으로 포장한 것일 때가 많습니다. 게다가 많은 사람들이 예수님의 재림에 대해 하나님께서 자기에게 명확한 날짜를 알려 주셨다고 주장하지만, 그런 예언은 성경적이지 않습니다.

어떤 사람들은 이런 실수에 대해 지나치게 민감한 반응을 보임으로써, 하나님의 음성을 성경 구절 자체로만 제한하기도 합니다. 댈러스 윌러드는 이에 대해 다음과 같이 말합니다. "오늘날 일부 기독교계에는, 하나님께서는 우리에게 성경을 주신 후에 사라지셨고, 성경이나 다른 방도를 통해 개인적인 의사 소통은 전혀 하지 아니하신다는… 견해가 퍼져 있습니다."

성경에서도 하나님께서 사람들과 의사 소통을 하시는 것을 보여 주고 있습니다. 아브라함(창세기 12장), 모세(출애굽기 33장), 사무엘

(사무엘상 3장)처럼 개인적으로 하신 경우도 있고, 안디옥 교회(사도행전 13:1-4)의 경우처럼 다수의 사람들에게 하신 경우도 있습니다. 더불어 묵상해 볼 수 있는 몇몇 구절을 소개합니다.

> 내가 너의 갈 길을 가르쳐 보이고, 너를 주목하여 훈계하리로다. (시편 32:8)

> 너희는 귀를 기울여 내 목소리를 들으라. 자세히 내 말을 들으라. (이사야 28:23)

> 너희가 우편으로 치우치든지 좌편으로 치우치든지 네 뒤에서 말소리가 네 귀에 들려 이르기를 "이것이 정로니 너희는 이리로 행하라" 할 것이며. (이사야 30:21)

> 우리 주 예수 그리스도의 하나님, 영광의 아버지께서 지혜와 계시의 정신을 너희에게 주사 하나님을 알게 하시고. (에베소서 1:17)

하나님께서 말씀하시는 방법

성경 말씀 외에도, 하나님께서 우리에게 말씀하시는 방법에는 여러 가지가 있을 수 있습니다. 단, 이것들을 통해 들었다고 생각되는 하나님의 음성이 성경 말씀과 어긋나서는 안 됩니다. 한 작품 속의 인물이, 아직 하나님과 의사 소통하는 데에 익숙하지 않은 한 목회자와 나누는 이야기 속에 그 방법 몇 가지가 묘사되어 있습니다.

나는 하늘에 울려 퍼지는 합창 속에서 선명하게 보이는 이상(異像)이나, 활활 타는 불꽃으로 하늘에 기록된 메시지는 무시해도 괜찮다고 생각합니다. …사람들의 입에 자주 오르내리는 문구(文句)들을 주의해서 살펴보십시오. 우리의 기억을 갑자기 되살리는 사건들을 주의해서 보십시오. …당신의 생활 속에서 일어나는 모든 일을 자세히 살펴보십시오. 그리고 아무 관계없어 보이는 일이라 할지라도, 무엇인가 배울 것이 있는지 스스로에게 질문해 보십시오. 나는 눈에 확 뜨이는 계시가 없다고 할지라도, 조그만 것들을 계속 모으면, 결국에는 분명하게 조명(照明)된 하나님의 진리를 깨달을 수 있다고 확신합니다.

하나님께서 말씀하여 주시는 몇몇 방법들을 살펴봅시다.

반복되는 생각. 동일한 생각이 여러 차례 반복될 때, 이는 당신의 마음속을 살펴서 당신이 가지고 있는 딜레마를 비추어 주는 "하나님의 등불"일 가능성이 있습니다. "사람의 영혼은 여호와의 등불이라. 사람의 깊은 속을 살피느니라"(잠언 20:27). 이런 경우에는 "주님, 이것이 주님의 말씀인가요?"라고 기도해 보는 것이 현명합니다.

물론 반복되는 모든 생각이 하나님의 촛불로 사용되지는 않습니다. 우리는 파괴적인 생각을 반복해서 들려주는, 오래된 녹음 테이프 – 생을 마감하고 싶은 충동, 인생이 허무하다는 생각, 앙갚음하려는 욕구, 자신을 별볼일 없는 그리스도인으로 여기는 생각 따위 – 를 분별하고 버릴 줄 알아야 합니다. 하나님의 말씀을 통해서, 우리는 이것이 하나님의 말씀이 아닌 것을 알 수 있습니다.

새로운 생각. 존 포웰은 이렇게 기록합니다. "주님께서는 주님의 생각을 내 안에 심어 주십니다. 특히 새로운 전망을 심어 주심으로, 나의 비전을 넓혀 주십니다. 경건의 시간을 가질 때, 내게 오셔서 나를 충만케 하시고, 주님의 능력과 임재로 나를 채워 주십니다." 저술가인 린다 와그너는 "잠잠히 주님을 바라는 시간에, 문제에 어떻게 접근할 것인지에 대한 아이디어가 떠오르고, 이전에 했던 헌신이 새롭게 기억나서 계속 그 길을 따라가게 되며, 혹은 다가올 주말이나 오늘 하루를 가장 멋지게 보낼 지혜를 얻을 수 있습니다"라고 기록합니다.

작품 속의 인물. 우리는 작품 속에 나오는 인물을 통해 배울 수도 있습니다. 몇 백 쪽에 걸쳐 작품 속의 인물과 함께 지내다 보면, 작품 속의 인물을 통해서, 우리가 누구이며, 혹은 우리가 어떤 사람이 될 수 있는가를 알 수 있습니다. 심지어 우리는 그 인물의 행동을 통해 우리에게 말씀하시는 하나님을 경험할 수 있습니다. 하나님께서는 우리에게 "이 인물의 잘못을 너도 똑같이 범하고 있는 것을 발견하였느냐?," "만약 네가 적극적인 순종의 삶을 살았다면, 내가 너를 통해 어떤 역사를 이루었을지 알겠느냐?," 혹은 "네 안에서 이미 내가 이룩한 것이 무엇인지 알겠느냐?"라고 물으십니다.

하나님께서 내게 말씀하실 때에 사용하셨던 몇몇 작품의 인물들을 소개합니다. 이 인물들은 내게 인상적인 방법으로 성경의 원리를 보여 주었습니다.

* 오웬 미니(존 어빙이 지은 '오웬 미니를 위한 기도')를 통해, 나는 오웬에게 생의 목표를 주신 것처럼, 내게도 생의 목표를 주셨다는 것을 확신하였습니다. 오웬은 이 목표를 헌신적으로 추구했으며, 이제 나도 그렇게 할 수 있습니다.

* 어빙 스톤이 빈센트 반 고호에 대해서 쓴 '생에 대한 욕망'을 통해서, 하나님께서 고호의 고독한 영혼을 사용하신 것처럼, 나도 역시 하나님의 쓰임을 받을 수 있음을 알았습니다. (전기는 소설과 동일한 역할을 합니다.)
* 도스토예프스키의 '까라마조프가(家)의 형제들'에 나오는 알료샤를 통해서도 배웠습니다. 세 형제 중에서 "거룩한 바보"였던 그는 똑똑하게 시류(時流)를 따라 사는 대신에, 하나님을 위하여 "바보"가 되는 것도 괜찮다는 확신을 나에게 심어 주었습니다.

이들이 나의 모델은 아닙니다. 그러나 내가 실수할 수 있었던 것을 대신하여 실수를 해주고, 나로 하여금 그들이 배운 것을 잘 배우도록 해준 동료라고 할 수 있습니다. 때때로, "하나님의 은혜만을 의지하여 나는 나아간다"라고 생각하는 나의 모습을 그들을 통해 발견하기도 합니다.

예술 작품. 나는 가끔 그림이나 발레를 통해, 내 안에 감추어진 것을 발견하는 경우도 있습니다. 내 마음이 평안을 누릴 수 있다는 것과 부모로서 자녀를 통해 큰 기쁨을 누릴 수 있다는 것을 깨닫기도 하며, 무아(無我)의 경지에 빠진 무용수(舞踊手)의 모습을 통해 이전에 탁월하게 해냈던 일을 생각하기도 합니다. 어느 날 나는 한 미술박물관에서, 헨리 마티스의 "베일을 쓴 여인"이라는 그림을 응시하며 눈물을 흘리고 있었습니다. 이런 나의 모습에, 나뿐만 아니라 내 주위에 있던 사람들도 크게 놀랐습니다. 그림 안에 나오는 여인의 지치고 당황스런 얼굴 표정을 통해서, 내가 일단의 사람들에게 가진 분노가, 마치 소화가 안 된 빵덩어리처럼 내 안에 숨겨져 있음을 알게 되었습니다. 나는 그 사람들을 잘 용납하며 용케 견뎌 왔다고 생각했는데,

이 그림을 통해 하나님께서는 내 안에 분노가 남아 있음을 보여 주시며, 좀더 용서하고 용납하는 사람이 되도록 격려하신다는 사실을 깨닫게 되었습니다.

운동. 스포츠나 체조와 같은 신체적 활동을 통해, 우리는 자극을 받고 진정한 자기의 모습을 발견하기도 합니다. 올 여름에는 급류 타기를 했었는데, 십대 시절 중서부 지방의 어느 강에서 카누를 타던 때처럼 겁없이 즐겼습니다. 나는 카누를 탈 때처럼 노를 저으며, 저돌적인 자세를 취했습니다. 반면에 지난해에 갔던 여행에서는, 몹시 두려워하는 모습을 발견하게 되었습니다. 가족들이 혹시 다치지나 않을까, 내가 잘못하지는 않을까, 혹은 그 사이에 집에 지진이 나지는 않을까 하는 염려가 계속되었습니다. 이런 통찰력이 주님께로부터 온 것임을 깨닫고는, 주님께 가지고 나아가 도와주시기를 의뢰하였습니다. 두려움에 대한 성경 구절을 이미 암송하고 있었지만, 두려움을 떨칠 수 없었던 것입니다.

내가 알기로, 이 기도에 대해서는 아무런 응답이 없었습니다. 그러나, 10개월이 지나서 한 친구가 내게 말하기를, 내가 겁없이 에어로빅 동작을 하고 있다고 했습니다. 친구의 말이 옳았습니다. 에어로빅 동작을 하면서, 나도 내가 겁없이 여러 동작을 하고 있다는 생각을 했기 때문입니다. 하나님께서 급류 타기나 에어로빅과 같은 운동을 통해, 두려워하는 나의 습관을 다듬어 가실 수 있다는 생각은 내게 새로운 것이었습니다.

일기. 사람들은 대개, 글을 쓸 때 먼저 생각하고 나중에 기록한다고 생각하고 있습니다. 그러나 언제나 그렇지는 않습니다. 내가 무엇을 생각하는지(혹은 하나님께서 내 안에서 무엇을 생각하시는지) 잘 모르다가, 기록할 때에야 비로소 깨닫는 경우가 많습니다. 때로 내가 기록한 것이, 내 생각을 제대로 표현하지 못하고 표현이 적절하지 못할 때가 있습니다. 그러나 계속 적어 나가다 보면, 생각이 정돈되는 것을 발견하곤 합니다. 나는 다시 읽으면서, 기록된 표현들이 결국은 모두 하나님께서 인도하신 것임을 깨닫습니다.

만약 일기를 쓰는 것이 불편하게 생각된다면, 매일 기록하지 않아도 됩니다. 쓰고 싶을 때에만 쓰기로 해도 좋습니다. 문법에 맞추어 쓰려고 애쓸 필요도 없고, 멋있게 쓰려고 할 필요도 없으며, 품위 있게 보이는 노트를 사용할 필요도 없습니다. 일기는 하나님께 말씀드릴 수 있는 좋은 장소입니다. 마음의 상처를 쏟고, 하나님께 질문을 하며, 하나님과 함께 앉아서 즐거운 시간을 보내는 것입니다.

하나님께서는 위에서 소개한 방법처럼, "무슨 말씀인지 우리 마음으로는 분명하게 이해되고 들리지만, 실제 소리로는 들리지 않는 언어"를 사용하셔서 우리에게 말씀하십니다. 하나님께서는 우리에게 직통 전화를 통해 말씀하시지는 않습니다. 그러나 다른 방법으로 우리를 도와주십니다. 즉, 다른 사람을 위해 좀더 지혜롭게 기도할 수 있게 도와주시고, 우리의 우선 순위를 바꾸도록 도와주시며, 우리가 잘 깨닫지 못하는 방식으로 우리 삶에 개입하여 주십니다.

주의해야 할 점

하나님을 우리 일정표에 맞춤. 하나님께 경청하는 것은 하나님과의 지속적인 교제의 일부분입니다. 경건의 시간처럼, 경청하기 위해 따로 떼어놓은 시간에 국한되는 것이 아닙니다. 사실상, 하나님께 귀를 기울이는 시간을 따로 정하거나, 어떤 시각까지 응답을 주시기를 요구하는 것은, 우리를 구석으로 몰아넣어 결국에는 우리 스스로가 대답을 하게 만들기도 합니다. 하나님께 귀를 기울이는 것은, 하나님께 말씀드리는 것과 마찬가지로 모든 순간 순간 애써야 하는 하나의 모험입니다.

하나님께서 말씀하시는 방법을 제한함. 하나님께서는 어른뿐만 아니라 어린아이를 통해서도 우리에게 말씀하시며, 아군과 적군, 낯선 사람과 친구를 가리지 않고 이들을 통해 말씀해 주십니다. 어떤 말 속에 하나님의 뜻이 담겨 있는지 확신할 수 없을 때는, 잠깐 보류하고 하나님께서 더욱 확신을 심어 주실 때까지 기다려도 좋습니다.

하나님의 입에 대답할 말을 넣어 드림. 직업, 대인 관계, 혹은 환경에 대해 우리가 간절히 원하는 바가 있을 때, 실제로 하나님께서는 원하시지 않는데도, 마치 하나님께서 우리들에게 그것을 추구하라고 말씀하여 주시는 것이라고 단정하기가 쉽습니다. 우리의 마음은 너무나 거짓되기 때문에, 우리가 원하는 바에 가까운 "응답"이 오면, 어떤 것이든지 일단 경계하는 것이 현명합니다. 어떤 사람들은 너무 좋게 들리면, 하나님의 뜻이 될 수 없다고 생각하기도 합니다. 하나님께서는 우리가 원하는 것이 무엇이든지 간에, 노력과 수고를 하여 얻기 원하신다고 생각합니까? 하나님의 임재를 연습해 나가면, 하나님의 음성을 우리 자신의 음성과 혼동하는 일을 그칠 수 있게 됩니다.

혼자 떨어져 있음. 나는 종종 새로운 생각이 떠오르면, 이를 현명한 친구들에게 알려 그들의 반응을 듣습니다. 나는 심지어 "내가 하나님의 입에 하실 말씀을 넣어 드리고 있는 것은 아닌가?" 혹은 "내가 너무 주제넘은 것 아냐?(혹은 명백히 잘못된 점이 있지 않아?)"라는 질문을 합니다.

몇 년 전, 저술하고 있던 책의 서문을 쓸 때에, 내가 중요하게 여기는 생각을 포함시켜야 한다는 생각이 들었습니다. 느낌은 옳았습니다. 서문을 써내려갔고, 다 썼지만, 여전히 괜찮을까 하는 의구심이 들었습니다. 체면을 걸고, 잘 알지는 못하지만 내가 존경하던 한 분에게 전화를 걸어 그분의 의견을 구했습니다.

"한번 읽어 드릴 테니 들어보시고, 이것이 하나님의 메시지를 전달하고 있는 것인지, 아니면 그저 잔이란 사람의 생각으로서 하나님의 뜻이라기보다는 자기의 의견을 드러내고 싶어서 포함시킨 것인지 말씀해 주시겠습니까?"

나는 문장을 읽었습니다. 그러자 존경하던 그분은 온유하게 말했습니다. "나는 당신의 의견에는 동의합니다. 그러나 이것을 굳이 포함시킬 필요는 없습니다. 잔이란 사람의 생각에 그칠 가능성이 큽니다." 나는 감사하다고 한 후에, 서문에서 그 부분을 삭제하였습니다. 우리는 종종 우리의 주장을 세상에 공표하고 싶은 것에 불과한 것인데도, 마치 하나님께서 우리를 사용하셔서 세상을 변화시키는 것이라고 생각하기가 쉽습니다.

신비하고 놀라운 것을 추구함. 댈러스 윌러드는 우리 마음이 침묵할 때 들려 오는 "세미한 음성"의 위대함을 강조합니다. 엘리야는 주님의 세미한 음성을 들었습니다(열왕기상 19:12 참조).

> 하나님을 대변하여 말한다고 하는 많은 사람들이, 자기의 비전, 꿈, 그리고 다른 신기한 현상, 혹은 분명하지도 않고 올바른 의미도 담겨 있지 않은 인상이나 느낌을 전하곤 합니다. 이는 거짓을 말하고 있다는 의미는 아닙니다. 그러나 모세에게는 하나님께서 "입에서 입으로" 즉, 대화식으로 직접 말씀하셨습니다. 따라서 모세가 하나님을 위해 말할 때에는, 언제나 구체적이고, 정확하고, 분명했습니다.

신비하고 놀라운 것을 추구한다면, 이는 그가 어린애 같은 사람이기 때문일 것입니다. 어린아이들은 신기하고 놀라운 것을 좋아하며, 이를 추구하고 아무 조심성 없이 달려감으로써 어린아이임을 스스로 드러냅니다. 우리가 우둔하거나 마음이 완고하기 때문에, 하나님께서 이런 것을 보여 주신 것일지도 모릅니다. 그러나 이것은 결코 영적으로 우월하다는 표시가 되어서는 안 됩니다. 그리스도의 발자취를 따르는 일에 성숙한 사람들은, 결코 자기들에게 일어난 놀라운 일들을 가볍게 말하지 않습니다. 특히 자기들이 옳다는 것을 증명하기 위해서는 이러한 경험을 인용하지 않을 뿐만 아니라, 이러한 경험을 이용하여 다른 일을 하지 않습니다.

기본적인 상식(常識)을 무시함. 하나님께서 당신에게 말씀하고 계신다고 생각될 때, 다음 원리를 마음에 두십시오.

* 하나님의 성품과 속성에 어긋나는 것은 어떤 것도 당신에게 말씀하지 않으십니다. 어머니에게 다시는 말을 하지 말라던가, 혹은 오직 돈을 더 벌 수 있기 때문에 어떤 직업을 가지라고 한다면, 이는 분명 하나님의 말씀이 아닙니다.
* 성경 속에 푹 잠기십시오. 성경은 하나님께서 우리에게 말씀하시는 주된 통로입니다. 그리고 성경은 하나님께서 사용하시는 다른 모든 의사 소통 수단의 기준입니다.
* "억지로 들으려고 마십시오"라고 린다 와그너는 권면합니다. "침묵이 흘러도 잠잠히 기다리며, 하나님을 '느끼거나 듣지' 못

해도 여전히 그분은 하나님이심을 기억해야 합니다. 하나님과 함께 보내는 주된 이유가 듣는 것이라면, 듣는 것만이 하나님과의 관계에 초점이 될 것입니다. 이는 또 다른 형태의 우상숭배가 될 수 있습니다. 당신의 유익을 위해, 하나님께서는 뒤로 물러서신 후에 당신이 오직 하나님만 찾고 구하기까지 기다리실 것입니다. 한편, 원래 조용한 시간도 있음을 기억해야 합니다."

* 놀랍고 신기한 통찰만을 들으려고 하지 마십시오. 당신이 하나님만을 사랑하기 때문에 하나님 앞에 나아가 모든 것을 쏟아 놓는 것이지, 놀라운 통찰력을 얻기 위해서 나아가는 것은 아니기 때문입니다.

침묵도 응답인가? 댈러스 윌러드는 다음과 같이 말합니다. "우리가 듣는 법을 배운다면, 하나님께서는 우리가 요구한 것을 주지 않으실 때, 말씀해 주실 것입니다. 주님께서는 사도 바울의 기도를 들어주지 않으셨지만, 바울에게 잠잠하시지 않았습니다. '내게 이르시기를, "내 은혜가 네게 족하도다. 이는 내 능력이 약한 데서 온전하여짐이라" 하신지라'(고린도후서 12:9). 하나님께서는 우리를 향하여 이방인의 우상처럼 수동적으로 행하시지 않습니다. 오히려 우리를 부르셔서 개인적인 관계를 발전시키며, 하나님의 자녀인 우리와 함께하는 것을 즐기십니다."

만약 내가 하나님의 음성을 듣지 못한다면? 하나님께 듣고 있지 못하다고 생각할 때, 사람들은 실망합니다. 마르다 대처는 다음과 같이 말합니다. "여기에 우리가 실망하는 근본적인 이유가 있습니다. 우리가 '무언가'를 들으려고 하지, '누군가'를 들으려 하지 않는다는 것입니다. 우리는 하나님의 '음성'을 들으려고 하지, '하나님'의 음성을 들으려고 하지 않습니다. 이렇게 초점이 빗나가면 미세한 차이지만 결과는 큰 차이가 납니다." 왜 하나님께서 좀더 분명하게 드러내 주시지 않는가라는 생각이 든다거나, 하나님과의 관계가 아주 메마르고 멀어져 보인다면, 분명 초점이 바뀌었을 것입니다. "이런 관심은 일 중심이지 하나님 중심이 아닙니다. 그들은 먼저 하나님 자신께 주된 초점을 맞추지 않고, 하나님께서 말씀하여 주시는 것에만 초점을 맞춥니다." 우리는 찬란한 응답을 얻기 원해서가 아니라, 하나님을 사랑하기 때문에 하나님을 알고자 추구해야 합니다.

존 울맨은, 자기가 돈 잘 버는 상인으로 살기보다는, 양복을 만들면서 검소한 삶을 살기로 결심한 이유에 대해, 삶의 진정한 관심사는 "참된 목자의 음성을 지속적으로 듣기 위해, 관심이 흐트러지지 않고 아무것에도 방해받지 않는 시간을 보내는 것"이기 때문이라고 말했습니다. 이 목자의 음성은, 우리가 알아야 할 것을 말씀하여 주시는 아버지 하나님의 음성입니다.

묵상과 적용을 위하여

당신에게 말씀하시기 위해, 하나님께서 사용하신 사람들의 이름을 적어 보십시오. _____

문학이나 예술 작품, 스포츠 등과 같이 전통적이지 않은 방법을 통해 하나님께서 당신에게 말씀하신 적이 있습니까? 설명해 보십시오. _____

더 잘 듣고 순종하는 삶을 어떻게 발전시킬 수 있습니까?

제 14 장

하나님의 시야를 배우라

연 회장으로 들어가면서 나는 심호흡을 깊게 했습니다. 나는 어색한 모습을 떨쳐 버리려고 했습니다. 3개 주에서 200명의 상담자들이 모여 정보를 교류하는 모임이었는데, 직업상 이런 종류의 모임에 참석해야 했지만, 나는 근무 시간을 갉아먹는 이런 모임들을 좋아하지 않습니다.

　이름표를 받고서는, 대화를 나누는 모든 사람들을 위해 기도하는 나의 습관을 상기했습니다. "200명이나 되는 사람들과 이런 저런 얘기를 주고받으면서, 동시에 기도할 수 있겠습니까?"라고 하나님께 물었습니다.

　사람들을 만나며 상대방을 위해 기도하다 보니, 그 사람과 만나는 것이 효과적인지 아닌지를 따지는 것도 잊었습니다. 각 사람들의 관심사를 듣는 것이 참으로 즐거웠습니다. 점심 식사 전에, 내 업무에 도움이 되는 사람 옆에 앉으려면 어떻게 해야 하나 계산하기 시작했습니다. 그러나 이를 포기하고 되는 대로 자리를 잡아 앉았습니다. 나는 결국 바짝 마른 노(老) 상담자 옆에 앉았습니다. 우리는 서로 생각을 주고받았습니다. 믿음에 관한 내용도 나누었습니다. 그날 내가 기사 거리가 될 중요한 대화를 나누었는가는 알 수 없었습니다. 그러나 그곳에서 열린 어떤 모임에서보다 의미 있는 대화를 나누었습니다.

사람들을 만나는 가운데서 하나님의 임재를 즐기는 것을 통해, 내 중심이 아니라 상대방 중심이 되어야 함을 배우게 되었습니다. 상대방 자신에 대해 관심을 보이며, 그가 하는 말에 진심으로 귀를 기울이게 되었습니다. 또한, "북적대며" 일하는 것보다 훨씬 재미있었고, 어색한 태도로 사람들을 만나지 않게 되어 훨씬 더 평안했습니다.

진정한 역할

사실 하나님과 이런 식으로 대화를 나누는 것은, 사람들을 섬기는 우리의 기본적인 사역입니다. 유진 피터슨은 목회자에 대한 글에서, 그리스도인이 외적으로 맡은 역할은, 그의 진정한 역할인 기도하는 자로서의 역할을 보조하는 것이라고 말합니다. 예를 들어, 목회자의 경우에, 설교를 하고 교회의 여러 프로그램을 인도하는 것이 주어진 역할이지만, 진정한 역할은 바로 양떼를 위해 기도하는 것입니다. "기도란 사람들을 하나님 앞에 드리는 것인데, 기도를 하는 대신에 목회자는 마치 메시야처럼 행동하곤 합니다. 즉, 하나님을 위해 하나님의 일을 하며, 사람들을 고치고, 사람들에게 무엇을 해야 할지 가르칩니다." 마찬가지로, 우리도 친구들과 가족들을 격려하고 상담하고 돕는 일을 하는데, 우리가 진정으로 해야 할 일은 그들을 위해 기도하며, 그들이 "그들의 삶에 함께하시는 하나님을 경험하며, 실재하지만 숨겨져 있는, 하나님의 임재의 증거들을 발견하도록" 돕는 것입니다.

노숙자 센터에 들러 자원 봉사를 하는 동안, 기도하는 사람으로서의 역할을 수행하는 경험을 하였습니다. 내가 공식적으로 맡은 일은 센터 사무실 일(전화 응대, 찾아오는 사람 맞이하기, 종이 컵에 이름 붙이기)에서부터 샤워장 일(타월, 샴푸, 비누 등을 사람들에게 갖다 주기)까지 다양했습니다. 그러나 이런 일은 "보조적인" 임무였습니다. 내 본연의 임무는 찾아온 사람들과 자원 봉사자들, 그리고 내가 마주치는 사람들을 위해 기도하는 것이었습니다. 하나님과 함께 그들에 대해 대화를 나누는 것을 통해, 전화 벨이 요란하게 울리고 시끄럽게 얘기를 주고받는 요란한 환경 속에서도, 나는 하나님의 임재를 풍성히 누릴 수 있었습니다. 찾아온 사람들을 위해 기도한다고 해서 그들에게 담요나 밑바닥에 구멍이 나지 않은 테니스화를 가져다 주는 일을 안해도 된다는 것은 아닙니다. 기도는 내가 하는 모든 일과 함께하였습니다. 그리고 기도를 할 때에, 내가 지치지 않도록 지켜준다는 것도 발견하게 되었습니다. 실망감 가운데 나의 일을 멈추지 않게 해주었습니다. 그리고 그곳 사람들의 셔츠를 움켜잡고는, 빨리 직장을 구하라고 하며 고함을 치고 싶은 유혹도 느끼지 않습니다.

그러나 일을 제대로 하려고 노력할 때에, 기도를 하면 혹시 관심이 분산되지 않습니까? 종이 컵에 사람들의 이름을 적으면서, 동시에 기도하는 것이 가능한 일입니까? 나는 함께 일하는 사람들을 위해 기도하는 것은, 관심을 분산시키기보다는 오히려 관심을 모아 주는 역할을 한다는 것을 발견했습니다. 나는 그들의 말뿐만 아니라, 표정이나 몸짓 등에 집중할 수 있습니다. 나는 묵상에 잠깁니다. "나는 그들의 마음을 듣고 있는가? 그들이 내게 말하고 있지 않은 것은 무엇인가? 그들이 마음을 표현할 때까지 내가 참을 수 있을까?"

사람들을 바라보는 시야가 바뀜

다른 사람과 만나면서 지속적으로 하나님과 대화를 나누는 것은, 예수님께서 그 사람들을 보실 때와 같은 방식으로 바라볼 수 있도록 도와줍니다. 주님께서 신하의 딸을 살려주기 위해 길을 가시던 중에, 낫게 해주셨던 한 여인이 "모든 사실"을 얘기하는 것을 들으시려고 멈추신 것은 참으로 특이한 일입니다(마가복음 5:33). 혹은 한 소년이 땅에 엎드러져 구르며 거품을 흘리고 있을 때, 주님께서는 그 아이의 아버지에게 "언제부터 이렇게 되었느냐?"(마가복음 9:21)라고 물으신 것도 놀랍습니다. 왜 주님께서는 귀신을 쫓아낼 필요가 있을 때 일대일 방식으로 기적을 행하셨습니까? 왜 아이의 부모에게 질문을 하셨습니까? 그들에게서 정보를 얻기 위한 것은 아니었습니다. 두 경우 모두, 예수님께서는 몸을 고치셨을 뿐만 아니라, 각 사람에게 개인적으로 나타나 주셨습니다. 이렇게 함으로써, 주님께서는 근심에 찬 각 사람들이 주님을 만나 대화를 나눌 수 있는 안전한 장소를 만들어 주신 것입니다. 사역의 목표는 온 세상을 구원하는 것이었지만, 예수님께서는 한 번에 한 사람씩 자유케 하셨습니다.

예수님의 시야로 사람들을 바라봄으로써, 감추어진 새로운 기도제목을 발견할 수도 있습니다. 리차드 포스터는 기도를 "은밀한 사역"이라고 했는데, 이를 통해 우리는 사람들을 크게 도울 수 있습니다. 리차드 포스터의 경험을 소개합니다.

> 한번은 일상적인 회의에 참석하던 중이었는데, 슬픔과 쓴 뿌리 때문에 마음이 무거워 보이던 한 사람을 위해 기도하고자 하는 마음이 생겼습니다. 물론 나는 진행되던 토의에

참여하였지만, 회의 시간 내내 마음속으로는 그리스도의 광채가 이 사람에게 비춰도록 하기 위해 애써 기도했습니다. 그 모임은 그의 약간 빈정대는 말 때문에 어려움 가운데 진행되었는데, 특히 그룹의 다른 두 사람에 대해 그런 태도가 보였습니다. 우리가 폐회하려고 준비할 때, 이 사람은 갑자기 울음을 터뜨리며 그룹 사람들 전체에게 말했습니다. "여러분이 나를 위해 기도해 주시기 바랍니다." 그가 마음속에 왜 상처와 분노가 생겼는지 나누자, 계속 그에게 공격을 당했던 두 사람은 그 주위에 모여 기도하기 시작했습니다. 그 기도는 참으로 온유하였으며, 모든 상처가 치료되고, 짐을 벗게 해주었습니다. 그 방은 능력과 기쁨으로 충만한 것처럼 보였습니다.

진정한 관심을 갖게 됨

이런 습관을 가지면, 익숙한 환경이라 할지라도 다른 시야를 가지고 볼 수 있게 됩니다. 한 가지 예를 소개합니다.

이를 실제 삶에 적용하면, 우리가 교회에 갈 때에 만나는 사람들을 주목하고 관심을 집중시키게 됩니다. …허버드 씨가 주차장에서 천천히 걸어나오는 것을 보면서, 나는 마치 매주 일상적으로 교회에서 일어나는 광경으로 간주하여 그냥 지나치며 눈길을 주지 않을 수도 있지만, 한편으로는 마음속으로 "요즘 허버드 씨는 어떠실까?" 하고 생각할 수도 있습니다. 그의 필요에 대해 어떤 실마리를 찾을 수 있는가?

내가 시원한 음료를 갖다 줄 필요가 있지는 않은가? 아니면 멀리 떨어진 주(州)에 살고 있는 허버드 씨의 딸에 대해 물어 볼까? 부인의 건강에 대해서도 질문할 수 있을 거야. 맞다. 바로 그거다. 허버드 씨는 아내에 대해 말하고 싶어하고 있어. 나도 나눌 시간이 충분해.

다른 사람과 대화를 하면서 동시에 하나님과 대화를 나누는 것은, 사람들이 자기 필요를 얘기할 때 더욱 잘 들을 수 있는 분위기와 환경을 만들어 줍니다. 이를 통해 우리는 사람들을 친절하게 대하며, 낯선 사람들을 환대할 수 있습니다. 그렇지 않으면, 우리는 자기 관심에 빠져 의미 없는 대화만을 할 것입니다.

이 세대와는 다른 삶을 살게 됨

다른 사람들의 필요를 경청하는 것은, 오늘날 우리 문화가 가진 비인격적인 방식에 비교해 볼 때, 근본적으로 다른 접근 방식입니다. 현금 자동지급기가 은행 창구 직원을 대신하고, 전자 메일이 친근한 전화 목소리와 쾌활한 웃음소리를 앗아가기 때문에, 우리의 삶은 더욱 고독해지고 사람들과 분리되고 있습니다. 이런 혼란 가운데 경쟁심까지 가세하여, 동료는 하나님의 인도하심을 따라 필요를 채워 주어야 할 대상이 아니라, 우리가 원하는 승진을 대신 앗아갈지도 모르는 경쟁자로 보입니다.

우리들 대부분은 대화를 나눌 때, 반쯤 경청하면서 우리의 관심을 끌 만한 정보가 나오기를 기다리거나, 아니면 우리가 할 말을 생각합니다. 이를 깨닫지 못한 채, 우리는 "내게 도움이 되는 게 뭐가 있지?

이 사람이 내 일과 사역과 교회와 취미에 어떤 도움을 줄 수 있지?"
라고 생각합니다. 다른 사람이 말하는 것을 사려 깊고, 열린 마음과
판단치 않는 태도로 받아들이는 것은 상당히 어려울 수 있습니다. 이
는 우리의 영적 생활에도 영향을 줍니다. 알고 지내는 사람은 주님을
증거할 대상이 됩니다. 아이들은 부모가 함께 질적인 시간을 보내 줄
필요가 있습니다. 우리는 각 사람이 신비하다는 사실을 잊기 쉽습니
다. 각 사람은 탐구하고 그 가치를 인정해 주어야 할 대상이며, 또한
함께 교제를 나누고 위해서 기도해 주어야 할 대상인 것입니다.

다른 사람과 만날 때 하나님의 임재에 깨어 있으면, 우리 자신이
변화합니다. 우리의 목적을 위해 상대방을 이용하고자 하는 마음은
사라집니다. 예수님께서는 우리에 있는 아흔아홉 마리 양을 떠나 잃
어버린 한 마리 양을 구원하려고 하셨는데, 우리는 각 사람을 그 한
마리 양으로 볼 수 있게 됩니다. 친구를 판단하는 대신에, 그들이 가
는 길을 잘 이해할 수 있게 해달라고 기도할 수 있습니다. 단순히 집
을 지키는 것보다는 가정을 세우는 데에, 그리고 사업을 어떻게 경영
할까보다는 어떻게 하면 섬김의 장소로 세워 나갈까에 관심을 갖게
됩니다.

묵상과 적용을 위하여

당신이 맡은 역할(축구 코치, 직장에서 파티 계획자, 이웃돕기 회원,
교회 안내 위원)을 감당하면서, 다른 사람을 위해 어떤 기도를 할 수
있겠습니까?

대개 당신 자신의 개인적인 관심사만 추구하는 상황을 생각해 보십

시오. 이런 상황에서 당신이 대화를 나누고 있는 상대방을 위해 기도할 수 있는 방법은 무엇이 있습니까? _____

당신이 속한 모임이나 그룹 중에, 모임을 진행하면서 당신의 기도를 통해 유익을 얻을 수 있는 곳은 어디입니까? _____

위에서 말한 일을 행한 후에, 누구와 이 경험을 나눌 수 있겠습니까?

제 15 장

장애물을 제거하라

"**내**겐 풍부한 아이디어와 계획과 추진력이 있습니다." 한 대형 교회의 양육팀 멤버인 마르시아 민스가 말했습니다. "나는 책임자인데, 간사들 중에서 조직의 여왕으로, 그리고 새로운 유행을 만들어 내는 사람으로 유명합니다. 이런 것이 그리 나쁘다고 생각지는 않지만, 잠잠히 하나님 앞에 나아가, 내가 세운 그 계획들을 하나님께 드리는 면에는 어려움이 있습니다.

"많은 프로그램을 진행한다고 해서 하나님을 영화롭게 하는 것은 아니라고 배웠습니다. 우리가 하는 많은 활동이, 유익하기는 하지만 하나님께서 우리에게 하라고 하신 것이 아닐 수도 있습니다. 나는 하나님을 영화롭게 하는 활동이 아니면 그 어느 것도 하지 않겠다고 결심했습니다. 하나님의 임재를 경험하는 것과 하나님과 친밀한 교제를 계발하는 일을 빼먹고 싶지는 않습니다. 이것이 원천이 되어 하나님을 영화롭게 하는 사역이 생기니까요.

"그래서 나는 가야 할 길에서 어긋나는 것처럼 보일지라도, 하나님의 조용하고 세미한 음성을 들으려고 노력합니다. 나는 아직 음성을 듣지 못한 사람처럼 보입니다. 그리고 마음속으로, '하나님의 음성이 다른 사람들의 일반적인 생각과 다르게 보일지라도, 하나님의 음성을 듣는 것이 가능한 일인가?'라고 생각합니다."

내가 본서에서 서술한 하나님과의 교제는, 단지 몇 주 동안에 습득할 수 있는 습관이 아니라, 하나님과 깊은 관계를 맺는 것으로서, 지속적으로 자라는 특성이 있습니다. 하나님을 더욱 사랑할수록, 우리는 모두 너무도 인간적인 문제, 즉 '두 마음'을 가졌다는 사실을 발견합니다(시편 86:11, 에스겔 11:19 참조). 이 장에서는 이러한 난관을 살펴보고, 다음 두 장에서는 그 뒤에 담긴 보다 근본적인 질문을 탐구하겠습니다.

만약 하나님께서 우리 마음에 아무 경쟁자 없이 거하시게 해야 한다면, 우리는 마음속의 열정과 동기를 깊이 살펴보아야 합니다. 이렇게 할 때, 우리는 종종 하나님뿐만 아니라 다른 무엇을 추구하고 있는 자신의 모습을 발견합니다. 오래지 않아, 이 '다른 무엇'은 전세를 역전시킵니다. 이 '다른 무엇'이 좋은 것일 때도 있습니다. 즉, 하나님을 추구하기보다는 인격이 훌륭한 사람이 되기 원합니다. 하나님이 아니라 성경 지식을 추구합니다. 하나님 대신에 사랑과 기쁨과 평강을 원합니다. 그러나 이 가운데 그 어느 것도 하나님과의 관계를 대신할 수 없습니다.

그래서 우리는 매일 하나님과 생동감 있는 교제를 나누면서, "주님을 알아 가는 데 방해가 되는 것이 무엇인지 보여 주십시오"라고 기도합니다. 어느 정도 시간이 지나면, 우리가 하나님 대신에 추구하는 것들을 발견하게 되고, 하나님의 음성을 듣는 데 영향을 끼치는 것들을 깨닫게 됩니다. 우리는 거듭해서 이런 것들을 하나님께 자백합니다. 거듭되는 자백 기도는 하나님과 정규적으로 대화하는 삶의 일부가 됩니다. 시간이 흐르면, 하나님과의 순수한 교제에 익숙해지기 때문에, 하나님을 대체하는 것과 하나님과의 교제를 방해하는 것을 좀 더 빨리 발견하게 됩니다.

하나님을 대체하는 것들

많은 프로그램과 활동들. 기독교 문화를 포함한 우리 시대의 문화는, 주로 무엇을 하느냐를 가르치지 어떤 사람이 되느냐를 가르치지 않습니다. 그렇기 때문에 우리는 하나님을 갈망하는 우리의 공허한 마음을, 활동으로 채울 때가 있습니다. 골방에 들어가 기도하며 시간을 보내기보다는, 모임을 갖기 위해 의자를 정돈하는 것이 더 쉬워 보입니다. 우리는 교회 활동으로 너무 분주해져서, 하나님을 위한 시간을 내지 않습니다.

사람들, 특히 우리가 사랑하는 사람들. 배우자, 자녀, 부모, 혹은 친구에게 관심이 집중되어, 하나님을 알고 사랑하는 것이 우리의 삶에 핵심이라는 사실을 잊고, 우리의 모든 힘을 그들에게 쏟기 쉽습니다. 하나님을 향한 사랑에서 다른 사람들을 향한 사랑도 생겨납니다.

때로 우리는 사랑하는 사람들이 우리 내면의 깊은 필요들을 채워 주기를 기대합니다. 걱정하고 있을 때 우리 마음을 편안하게 만들어 주고, 우리의 숨겨진 필요들을 찾아서 채워 주기를 기대합니다. 그러나 이런 내면의 필요는 오직 하나님만이 채워 주실 수 있습니다. 특히 여자들은 '언젠가 왕자님이 오실 것'이란 생각을 하며, 그 왕자님이 자기 마음의 깊은 열망을 다 만족시켜 주실 것이라 기대하는 마음을 갖고 있습니다. 사랑도, 결혼도, 자녀도 우리의 모든 상처를 치료해 줄 수는 없으며, 우리가 사랑을 받는다는 사실을 확신시켜 주지도 못합니다. 이런 필요를 채워 주실 하나님을 의뢰하는 삶을 배울 때에, 우리는 자유롭게 되어 우리가 사랑하는 사람들과 즐거운 시간을 보낼 수 있게 되며, 그들이 우리의 필요를 어떻게 채워 줄 수 있느냐에 연연해하지 않을 수 있습니다.

사역(봉사, 섬김). "하나님의 일"을 하면 커다란 만족과 명예를 얻을 수 있기 때문에, 하나님 대신에 사역 자체를 중시할 수 있습니다. 만약 어떤 시점에서 자기가 누리던 만족이 사라지기 시작하면, 우리는 지치기 시작합니다. 그러나 만약 우리의 사역이 하나님과의 풍성한 교제에서 생긴 것이라면, 우리는 지속적으로 분별력이 성장하고 격려를 받게 될 것입니다. 사역은 하나님과의 관계 때문에 하는 것이지, 우리의 필요 때문에 하는 것이 아닙니다. 만족은 일을 잘 수행할 때 생기는 것이 아니라, 하나님의 자녀로서 사랑을 받을 때 생기는 것입니다.

하나님을 알아 가기 위한 도구들. 오늘날의 그리스도인들은 영적 소비자가 되었습니다. 각종 수양회에 한 번이라도 더 참석하고, 테이프를 하나라도 더 사고, 책을 한 권이라도 더 읽습니다. 하나님을 알아 가기 위한 추구 대신에, 이런 영적 도구에 빠지는 것은 그 차이가 너무 미묘해서 잘 깨닫지 못합니다. 도구를 사용하는 것이 눈으로 측정할 수 있는 구체적인 활동이기 때문에, 이런 일이 쉽게 일어납니다. 당신이 오늘 경건의 시간을 가졌다면, 그런 시간을 가졌다는 것은 분명히 알 수 있습니다. 그러나 그 시간에 하나님과 교제를 나누었는지를 아는 것은 좀더 어렵습니다. 하나님을 만나는 것이 그 시간의 목표였습니까? 아니면 단지 시간을 갖는 것이 목표였습니까? 성경 교사인 한 친구가 한번은 이런 얘기를 했습니다. "성경 교사로서, 나는 단지 지식 그 자체를 목적으로 성경을 공부하는 자신을 발견합니다. 우리는 너무나도 쉽게 과분한 칭찬을 받습니다. 우리는 알고 있는 지식 때문에 긍지를 갖지만, 하나님께서 원래 우리에게 원하신 친밀한 교제를 누리는 가운데 하나님을 알지는 못합니다."

도구를 지나치게 강조하면 율법에 얽매인 생각 아니면 도덕적 의무감에 빠지게 됩니다. 내가 참석했던 한 교회에서는, 교인 전체가 성경을 일년에 한 번 다 읽는 것을 목표로 했습니다. 그 이전에 성경을 여러 차례 통독했었기 때문에, 나는 그 대신 시편을 기초로 하나님과 대화를 나누는 것을 즐기기로 했습니다. 교회에서는 만날 때마다, 그 날 성경 읽은 부분을 기초로 토의를 진행하였는데, 나는 계속 내가 내린 결정을 변호하듯이 설명해야 했습니다. 연말이 다가오면서 많은 교인들이 내게 자기는 모자란 그리스도인이란 생각이 든다고 했습니다. 성경 읽기 진도를 다 따라가지 못했기 때문이었습니다. 나는 서글픈 생각이 들었습니다. 성경 읽기는 하나님을 알아 가는 데 너무나 중요하고 필요한 도구로서, 목표를 정해 놓고 성경 읽기를 하는 것은 좋은 일입니다. 그러나 이 사람들은 이것을 하나의 불문율로 여기고 율법처럼 생각했기 때문입니다. 될 수 있는 한 많은 사람들이 목표를 가지고 성경을 읽으면 좋지만, 하나님께서 이 사람들 모두에게 그런 수준을 원하지는 않으셨을 수도 있습니다.

영적 성공. 보잘것없는 우리 자신에 대해 만족하지 않는 것이 현명하기는 하지만, 이런 자신을 위해 우리가 행하는 일이 방해가 될 경우도 있습니다. 우리들 중에는 굉장한 자기 발전 계획을 진행시키는 사람들이 있는데, 이는 별로 현명하지 않습니다. 진정한 성품의 변화는, 밖에서 강요되는 것이 아니라, 안에서 자라는 것입니다. 즉, 하나님과 함께 시간을 보내면서 그분의 음성을 듣고 그분의 인도하심을 따를 때, 자라는 것입니다.

기도에 성공하려고 노력하는 것을 주의하십시오. "절대적 진리"이란 소설에서, 라일 애쉬워드라는 작품 속의 인물은 자기가 속한 그룹에서 했던 기도 실험에 대해 다음과 같이 일기장에 기록했습니다.

> 처음에 나는 스스로 다음과 같은 생각을 하곤 했습니다. "우리 기도가 효과가 있는가?" "우리는 성공하고 있는가?" 그러나 이제는 이런 질문들이 잘못된 것임을 알았습니다. 이것은 그리 중요한 문제가 아닙니다. 우리가 얼마나 성공적인가를 결정하는 것은 우리가 아닙니다. 기도하는 일에서 "성공"이 어떤 의미를 가지고 있습니까? 성공이라는 것은 하나님께서 원하시는 것을 행하는 것입니다. 그리고 이 시기에 하나님께서 내게 원하시는 것은, 하나님과 보조를 맞출 줄 아는 사람이 되어, 세상의 모든 고통을 몰아내는 일에 하나님께 쓰임을 받는 것입니다. 우리가 만약 이런 준비가 된다면, 하나님께서는 우리를 사용하셔서 적합한 일을 맡기실 수 있게 되고, 우리는 하나님의 창의적인 목적 성취와 구속(救贖)의 사랑을 드러내는 면에서 적극적인 역할을 감당할 수 있게 됩니다.

기도는 하나님과의 관계이지, 성취를 위한 도구가 아닙니다.

하나님과의 경험. 하나님의 임재를 훈련하던 초기에, "아무 일"이 일어나지 않더라도 만족하라는 권면을 받았습니다. 단지 하나님과 함께 있는 것만으로 하나님의 임재를 즐겨야지, 무언가를 얻어내야 즐길 수 있는 게 아닙니다. 우리는 하나님만을 구해야지, 하나님과의 경험을 구해서는 안 됩니다. 만약 당신이 영적 불꽃놀이를 원하면, 당신 스스로 이것을 만들기 시작할 것이며, 이는 하나님과 당신의 관계의 순수성을 희생하는 것입니다.

하나님의 음성을 방해하는 장애물

어떤 영향력 때문에 잡음(雜音)이 생기면, 하나님의 임재를 깨닫기 어렵습니다. 때로 이런 영향력이 내는 소리가 너무나 시끄러워서, 하나님을 향한 마음을 모두 빼앗아 가기도 합니다. 혹은 이런 소리를 하나님의 음성으로 착각하기도 합니다. 하나님께서는 이런 일이 일어나도록 허락하셨는데, 일반적으로 하나님께서는 우리의 주의 집중을 얻으려고 안달하지 않으시기 때문입니다. 하나님께서는 우리가 하나님께 더욱 가까이 나아가기를 원하시며, 하나님의 음성을 듣는 법을 배우기 원하시기 때문입니다.

문화적 잡음. 광고와 여러 전단을 보면, 마치 그 영화를 보지 않고, 그 음식점에 가지 않고, 그 책을 읽지 않고, 그 강연을 듣지 않고, 그 편리한 도구를 사지 않고, 그 전화를 걸지 않으면, 무언가 '중요한' 것을 놓치는 것처럼 말할 때가 있습니다. 그러나, 그들의 말을 따라 '중요한' 사람이 되려고 분주하게 움직이다 보면 하나님의 잔잔하고 세미한 음성을 듣지 못할 때가 많습니다.

신약성경에서는 우리가 더 많은 활동을 하고, 더 많은 것을 얻고, 더 많은 것을 추구하려는 광적인 열정을 제쳐 두고, 대신에 단순히 하나님을 즐기는 삶을 살라고 말합니다. 바쁘게 지내는 것은, 우리가 간절히 원한다고 말하는 하나님과의 교제를 피하는 교묘한 수단이 될 수도 있습니다. 만약 우리가 이런 유혹을 이기고, 대신에 하나님을 간절히 찾는 태도를 유지한다면, 하나님을 즐거워하는 삶이라는 보배를 발견하게 될 것입니다.

성취 추구. 우리 문화는 행복은 자기 자신의 가치에 달려 있다고 가르칩니다. 그리고 자기의 가치는 더 많은 것을 성취하고, 자기 자신을 더욱 사랑함으로써 계발될 수 있다고 합니다. 그러나 성경에서는 우리가 아무리 노력해도 충분하지 않다는 것을 상기시켜 줍니다(로마서 3:23). (우리가 받는 상처도 역시 이런 진리를 상기시켜 줍니다!) 우리의 목표는 성취감을 갖는 것이 아니라 "그리스도를 알고 그 부활의 능력을 경험"(빌립보서 3:10)하는 것이며, 예수 그리스도의 함께하심을 삶의 모든 영역에서 경험하는 것입니다. 이런 사랑의 관계 속에서 그 어디에서도 발견할 수 없는 가치가 생기는 것입니다.

자기 충족. 사랑받고 인정받는 사람이 되고 싶을 때, 우리는 토저가 말한, "'자기'란 말이 들어간 인간의 죄," 예를 들면 자기 의, 자기 연민, 자기 확신, 자기 충족, 자기 칭찬, 자기 사랑이란 죄를 짓게 됩니다. 여기에 나는 자기 과장이란 죄를 더하고 싶습니다. 실제 자기의 능력이나 모습보다 자신을 훨씬 크게 보이려는 태도입니다. 토저는 그 당시에 살고 있는 사람들에 대해, "그리스도를 위한다는 명목 아래 자기 자신을 높이는 태도가, 현재 너무나도 일반적으로 퍼져 있기 때문에 거의 주목을 끌지 않습니다"라고 말합니다. 토저의 책은 수십 년 전에 출판되었지만, 자기를 높이는 태도는 세월이 지나도 변함이 없을 것입니다. 왜냐하면 우리가 비록 하나님을 사랑하더라도, 사람들에게 인정받고 싶은 마음을 여전히 갖고 있기 때문입니다. 우리는 여러 가지 이유 때문에 하나님을 섬기기 시작합니다. 그중 하나가 하나님께 대한 사랑입니다. 그러나 칭찬받고 싶은 마음이 우리를 엄습합니다. 머지않아 우리는 종이 되기보다는 스타가 되기 원합니다.

마르시아 민스는 자기 충족의 태도를 어떻게 깨닫게 되었는지를 말해 주었습니다. "성장한 우리 아들이 죄에 매인 삶을 살기 시작했는데, 이에 대해 나는 전혀 해결책이 없는 것을 발견했습니다. 처음에 나는 내가 해결할 수 있을 거라고 생각했습니다. 나는 아이의 치료를 도와줄 수 있는 그룹을 찾아갔습니다. 그때 하나님께서는 '상황이 호전되지 않으면 어떻게 할 것인가?'라고 하셨습니다. 나는 그 상황의 해결은 오직 하나님께 달려 있으며, 나의 삶에 함께하시는 하나님을 온전히 필요로 한다는 사실을 기억했습니다. 이는 내가 아무런 통제 능력을 갖지 못한 최초의 위기를 맞는 순간이었습니다. 이로 말미암아 나는 얼마 동안 주님을 의지하며 살게 되었습니다."

내적 갈망. 자기 자신에게 집착하는 것은 인간의 본성입니다. 정직하게 우리 자신을 살펴보면, 우리는 모두 사랑받고 싶고, 칭찬받고 싶고, 인정을 받고 싶어합니다. 우리는 사람을 기쁘게 하려는 마음이 있기 때문에, 우리가 어떻게 보이며 다른 사람들이 우리를 어떻게 생각할까에 대해 염려합니다. 사람들 중에는 인정받지 못함으로 말미암아 생기는 고통을 시인하지 않고, 대신에 이 필요를 먹는 것, 쇼핑, 바쁜 활동, 마약, 그리고 음주 등으로 해결하려고 합니다. 이런 것들에 대한 탐닉이 사람들의 대화의 주된 소재가 되며, 하나님과 우리 자신의 대화 흐름을 방해합니다.

이러한 내적 갈망은, 사랑스럽고 가치 있는 사람으로 인정받으려는 마음과, 이 필요를 사람들과 자기가 하는 일에서 채움받으려는 마음 때문에 생깁니다. 그리스도를 아는 삶이란, 부분적으로는 우리가 어떻게 생각하든 하나님께서 우리를 사랑하시고 가치 있게 여기신다는 사실을 배우는 과정을 의미합니다. 우리가 할 일은, 이 진리를 우리의 동기, 갈망, 그리고 행동 가운데 스며들게 하는 것입니다.

우리의 참모습에 대한 자백

하나님과 대화할 때 크게 도움이 되는 것은, 순간 순간 하나님과 함께하는 대화에 우리에게 있는 내적 갈망에 대한 자백을 끼워 넣는 것입니다. 내가 했던 몇 가지 자백의 예를 들어 보겠습니다.

* 저는 다른 사람을 이기고 앞서려 합니다.
* 저는 영향력 있는 분에게 좋은 인상을 주려고 애씁니다.
* 저는 이 친구가 굉장한 성공을 거둘 때, 저를 버리게 될까 봐 걱정이 됩니다.

이런 식으로 정직하게 자신의 모습을 자백하면, 이 세상의 어떤 사람도 할 수 없는, 깊고도 꾸준한 사랑으로 이미 나를 사랑하시며 가치 있게 여기신다는 하나님의 응답을 선명하게 들을 수 있게 됩니다. 그렇게 되면, 우리는 자유롭게 자신에게 다음과 같이 말할 수 있습니다.

* 논쟁에서 이기려고 함으로써 이 사람과 경쟁하지 않겠다.
* 나는 영향력 있는 사람에게 좋은 인상을 주려고 애쓰지 않겠다.
* 친구가 성공하면 함께 기뻐하겠다.

이런 방해물을 제거하면, 하나님의 임재를 더욱 자유롭게 즐길 수 있게 됩니다. 자아를 만족시키고자 하는 내적 갈망을 하나님께서 채워 주시기를 의뢰할 때, 우리는 하나님의 음성을 좀더 잘 들을 수 있게 됩니다. 우리의 대인 관계는 더욱 만족스럽게 될 것인데, 이는 우리가 사람들을 좌우하려고 하는 대신 하나님께 맡기기 때문입니다. 더 크고 나은 물건을 얻고 싶은 마음이 강하게 일 때, 이를 추구하는 대신 잠시 멈추어 마음속에서 무슨 일이 일어나고 있는지 좀더 주의 깊게 살펴보아야 합니다. 우리는 오직 하나님과의 친밀한 교제만이 해결할 수 있는 불안과 갈망이 존재하고 있음을 알고 있습니다. 우리는 하나님의 임재를 즐기기로 선택하며, 하나님과의 이러한 창의적이고 사랑이 넘치며 자유로운 교제를 통해 만족을 누리게 됩니다.

묵상과 적용을 위하여

이 장에서 설명한 대체물 혹은 잡음의 원인들 가운데 당신이 경험한 것이 있습니까?

존 베일리가 기록한 다음의 자백 기도문 가운데, 당신에게 공감이 되는 내용이 있습니까?

> 주님, 자백 드립니다…
> 저의 진정한 동기를 숨기고, 실제보다 나은 사람인 것처럼 가장할 때가 있습니다.
> 저에게 도움이 되고 필요한 경우에만 정직할 때가 있습니다.
> 단지 제 자신을 돌보려는 마음 때문에 친구를 사랑하는 경우가 있습니다.
> 단지 두려움 때문에 원수를 그냥 묵인하는 경우가 있습니다.

다른 사람들에게 보이려는 마음 때문에 선을 행하고, 악한 행동이 드러날까 봐 두려워서 감추는 경우가 종종 있습니다.

오 거룩하신 하나님, 주님을 송축하나이다. 주님께서는 제 영혼이 주님과 교제할 수 있게 하셨습니다. 저처럼 약하고 실수가 많은 존재가 별들을 움직이시는 하나님과 곧바로 마음을 나누는 교제를 나눌 수 있는, 깊이를 헤아릴 수 없는 놀라운 사랑을 보여 주셨습니다.

제 16 장
두려움을 아뢰라

"마음속 깊은 곳에는, 하나님과 대화하고 싶지 않다는 생각이 있는 것 같습니다"라고 타미는 교회 수양회의 소그룹 모임에서 고백했습니다. "나는 하나님과 친밀한 관계를 가지는 게 두렵습니다. 나는 도움을 구했습니다. 그렇지만 다시금 여러 차례 죄를 지었습니다. 나는 하나님께 실망만 안겨 드리는 사람 같습니다. 나는 이를 견딜 수 없습니다. '하나님, 또 잘못했습니다'라고 같은 얘기를 반복하기 싫습니다. 그래서 기도하지 않습니다."

하나님께 대한 두려움이 있을 때, 하나님과의 동행을 즐기기는 어렵습니다. 두려움 때문에 우리는 하나님과 거리감을 두고 지낼 수 있습니다. 때로 하나님을 위해 열심히 일한다는 핑계로 하나님과 멀어질 수도 있습니다. 만약 하나님에 대한 두려움이 너무도 크면, 단지 일요일에만 하나님을 만나기로 선택할 수도 있습니다. 하나님과 친밀한 관계를 갖는 것은 좋아 보이지 않을 수도 있습니다. "구약성경을 보면 하나님께서는 거역하는 사람들을 진멸하셨지 않은가? 그 다음 차례는 누구일까? 혹시 내 차례는?" 하고 생각할 수도 있습니다.

우리 중에는 다음과 같이 생각하는 사람도 있을 것입니다. "하나님의 임재를 즐기는 책을 읽고는 있지만, 지금 나는 하루 종일 하나님과 함께하기를 진정으로 원하고 있는가? 솔직히 말해서 나는 하나님께서 선하지도 공평하지도 않다는 생각이 들어. 하나님은 변덕스러우신 것 같아."

이런 두려움은, 다른 사람과의 관계, 자기 자신에 대한 긍지, 섬기는 능력, 하나님께 기도하고자 하는 동기력 등 우리의 모든 삶에 영향을 미칩니다. 진지하게 하나님의 임재를 즐기는 것에 대해 다루고자 한다면, 우리는 이러한 두려움을 가라앉히는 진리를 탐구해야 합니다.

우리가 잊기 쉬운 하나님에 대한 진리

하나님은 신비롭다

하나님의 길을 우리가 언제나 이해할 수 있는 것은 아닙니다.

> 여호와의 말씀에, 내 생각은 너희 생각과 다르며, 내 길은 너희 길과 달라서, 하늘이 땅보다 높음 같이, 내 길은 너희 길보다 높으며, 내 생각은 너희 생각보다 높으니라. (이사야 55:8-9)

이 세상에서 일어나는 일의 상당 부분이 우리에게는 비밀스럽게 보이며, 때로는 혼돈스럽기까지 합니다.

문제는 바로 우리가 하나님을 온전히 이해하기를 원하지만, 이해하지 못할 때 실망한다는 것입니다. 우리가 속한 문화에서는, 우리가 만약 어떤 대상을 충분히 연구하면 다 이해할 수 있다고 가르칩니다. 그리고 일단 이해하면 이를 마음대로 할 수 있다고 생각합니다. 그러나 하나님과의 관계에 있어서는 이런 말이 성립되지 않습니다. 하나님을 완전히 이해하려고 하는 것은 도저히 이룰 수 없는 목표입니다. 하나님을 마음대로 하려는 시도는 실망만을 낳을 뿐입니다.

그러나 잘 이해하지 못하는 사람과 관계를 맺는 것이 어렵다는 것은 다 아는 사실인데, 하나님과는 어떻게 관계를 맺을 수 있습니까? 하나님께서는 이를 위해 우리에게 부모와 친구의 비유를 들어 주셨으며, 이런 비유가 도움이 됩니다. 부모와 자녀, 그리고 친한 친구 사이에는 상대방을 항상 이해하지 못한다 할지라도, 친밀한 관계가 형성되고 자랄 수 있습니다. 아이들이라면 자기가 원하는 것을 부모에게서 얻지 못할 때 울고 보챕니다. 나도 하나님께 동일한 태도를 취했습니다. 내가 간절히 원하는 것을 얻지 못했을 때, 나는 하나님께서 내 기분에는 아랑곳하지 않으신다고 생각했습니다. 다른 어떤 친구 관계와 마찬가지로 하나님과 나와의 관계에서도, 상대방의 행동을 온전히 이해하거나 알지 못해도 상대방을 전적으로 용납하며 받아들이는 것이 필요하다는 사실을 깨닫는 데에는 상당한 시간이 걸렸습니다.

하나님은 선하시다

성경에서는 하나님의 선하심을 강조하면서, 악은 하나님이 아니라 이 세상 임금에게서 온다고 하였습니다(시편 73:1-2, 86:5, 118:29, 나훔 1:7, 요한복음 12:31). 그럼에도 우리는 하나님께서 선하게 보이지 않는 방식으로 행하실 때, 하나님의 선하심에 의문을 던집니다. 하나님의 높고 신비한 길이 우리에게 별의미가 없다고 보여질 때, 우리는 하나님을 변덕스럽고 예측 불가능한 존재로 여기며 거부합니다.

여기에서도 문제는 우리가 하나님을 이해하려고 한다는 것입니다. 우리는 인간적인 제약점이 있기 때문에, 하나님의 선하심을 이해하지 못할 수도 있습니다. 이 사실을 받아들일 수 있겠습니까?

"나르니아 왕국 이야기"라는 동화에 등장하는 여러 인물을 통해서, 우리는 완전히 이해가 되지 않아도 하나님이 행하시는 일은 언제나 선하다는 것을 받아들이는 모습을 찾아볼 수 있습니다. 사자 아즐란은 이 동화에서 그리스도를 나타내고 있는데, 나르니아 왕국의 마지막 왕은 '최후의 전투' 편에서 아즐란에 대해 이렇게 말합니다. "아즐란은 길들여진 사자는 아니야." '사자와 마녀와 옷장' 편에서 비버 선생은 이렇게 말합니다. "누가 안전하다고 말할 수 있어? [아즐란은] 안전하지는 않아. 그렇지만 그는 선(善)해."

하나님께서도 우리의 기준에서 보면 '길들여지지도' 않았고 '안전하지도' 않습니다. 그러나 그렇다고 해서 하나님께서 선하시지 않다는 말은 아닙니다. 우리의 이해의 수준을 훨씬 뛰어넘는 분이기 때문입니다. 길들여지지 않고 안전하지 않다고 해서, 우리를 등에 업고 위험한 순간들을 피해 가기를 거부하는 분이 아닙니다. 언제나 우리와 함께하시며, 순간 순간 우리를 즐거워하시는 분입니다.

하나님의 분노는 인간의 분노와 다르다

사람들은 대개 자신의 성품을 기준으로 하나님을 투영(投影)하여 바라봅니다. 만약 당신이 화가 날 때 다른 사람들을 때리고 싶은 마음이 생긴다면, 당신은 하나님도 동일한 행동을 하실 것이라고 생각합니다. 만약 당신이 신경질을 잘 내고 이를 속에 담아 두면서 분노를 키우는 사람이라면, 하나님께서 당신을 향해 분노를 쌓아 둔다고 생각하며 행동할 것입니다.

> 내가 나의 맹렬한 진노를 발하지 아니하며, 내가 다시는 에브라임을 멸하지 아니하리니, 이는 내가 사람이 아니요, 하나님임이라. 나는 네 가운데 거하는 거룩한 자니, 진노함으로 네게 임하지 아니하리라. (호세아 11:9)

하나님께서는 인간의 도덕적 결함에 대해 분을 발하시지만, 그러나 울화통이 터져 행동하시는 분은 아닙니다. 우리와는 달리 하나님께서는 분노를 발하실 때에도 공평함을 유지하십니다. 하나님께서는 인자함을 보이기를 즐기시며, 그분의 놀라운 능력을 신경질적으로, 아무 생각 없이 드러내시는 분이 아닙니다(미가 7:18). 이는 바로, 하나님께서 우리가 잘못을 범할 때마다 우리를 벌하기 위해 나서는 분이라고 생각하는 우리가 공평하지 않다는 것을 의미합니다.

하나님은 자비로우시다

하나님에 대해서는 너무나도 많은 것이 신비에 싸여 있기 때문에, 하나님의 긍휼과 자비에 대해서도 우리가 이해하고 있는 것에만 초점을 맞추는 것이 유익할 것입니다.

* 하나님께서는 마치 자녀의 죄를 슬퍼하는 부모처럼, 우리의 죄를 슬퍼하신다(창세기 6:6-7).
* 하나님께서는 악한 자의 죽는 것을 기뻐하지 아니하시며, 모든 사람이 자기의 악한 행동에 대한 책임을 지며, 그것에서 돌이키

기를 원하신다(에스겔 33:11, 디모데전서 2:4).
* 하나님께서는 사람들이 하나님의 공의와 인자에 대해 균형 잡힌 이해를 하기 어렵다는 것을 아시며, 이에 대해 사람들이 질문을 해도 좋다고 하신다(창세기 18:20-33).

우리의 불순종은 하나님을 진노케 하며 하나님의 마음을 상하게 합니다. 호세아 11장에서는 커튼 뒤에 가려져 있는 하나님의 마음을 잠깐 들여다보고 있습니다. 이 구절에서, 하나님께서는 왔다갔다하시면서 이스라엘의 징벌에 대해 생각하십니다. 1-4절에서 하나님께서는 계속 반항하는 이스라엘에 대한 사랑을 표현하고 계십니다.

> 이스라엘의 어렸을 때에 내가 사랑하여 내 아들을 애굽에서 불러내었거늘, 선지자들이 저희를 부를수록 저희가 점점 멀리하고 바알들에게 제사하며 아로새긴 우상 앞에서 분향하였느니라. 그러나 내가 에브라임에게 걸음을 가르치고 내 팔로 안을지라도 내가 저희를 고치는 줄을 저희가 알지 못하였도다. 내가 사람의 줄 곧 사랑의 줄로 저희를 이끌었고, 저희에게 대하여 그 목에서 멍에를 벗기는 자같이 되었으며, 저희 앞에 먹을 것을 두었었노라.

이어 5-7절에서 하나님께서는 엄한 사랑으로 이스라엘을 징계하실 것임을 말씀하십니다.

> 저희가 애굽 땅으로 다시 가지 못하겠거늘 내게 돌아오기를 싫어하니 앗수르 사람이 그 임금이 될 것이라. 칼이 저희의

두려움을 아뢰라   167

> 성읍들을 치며 빗장을 깨뜨려 없이 하리니, 이는 저희의 계책을 인함이니라. 내 백성이 결심하고 내게서 물러가나니, 비록 저희를 불러 위에 계신 자에게로 돌아오라 할지라도 일어나는 자가 하나도 없도다.

그럼에도 하나님께서는 이런 엄한 징계에 대해 갈등하십니다. 그 다음 구절에서 하나님께서는 다음과 같이 말씀하십니다.

> 에브라임이여, 내가 어찌 너를 놓겠느냐. 이스라엘이여, 내가 어찌 너를 버리겠느냐. 내가 어찌 너를 아드마같이 놓겠느냐. 어찌 너를 스보임같이 두겠느냐. 내 마음이 내 속에서 돌아서 나의 긍휼이 온전히 불붙듯 하도다.

부모들도 자녀를 징계할 때 이와 비슷한 과정을 밟습니다. 진노를 이렇게 다루시는 하나님을 볼 때에, 비록 우리가 이해하지 못한다 할지라도, 우리 마음에는 의로우실 뿐만 아니라 인자하신 하나님께 대한 신뢰감이 생깁니다.

인간의 지식은 제한되어 있다

하나님께서 때때로 공평하지 않게 보일 때가 있습니다. 이는 인간이 이야기의 일부만 알고 있기 때문에 이런 일이 생깁니다. 만약 당신이 이웃집 창을 통해, 그 집 부모가 아이를 때리고 있는 장면을 보았다고 합시다. 당신은 아마도 부모가 화를 잘 내는 사람이라고 생각할지도 모릅니다. 그러나 사실은 부모가 아이에게 가르칠 만큼 가르쳤지만, 아이가 강하게 반항했기 때문이었습니다. 당신은 당신이 본 단지 몇 분간의 모습으로 그 집 부모를 판단한 것입니다. 구약 시대의 전쟁에 대해 언급하자면, 하나님께서 얼마나 많은 경고를 하셨으며, 얼마나 많은 선지자들을 이스라엘과 주변 국가에 보내셨는지에 대해서는 잊기가 쉽습니다. 징벌은 임의로 주어진 것이 아니었습니다(사무엘상 15:6). 우리는 각 나라의 상황에 대해 잘 모릅니다. 그리고 각 나라의 상황에 대해 우리에게 설명하는 것이 구약 성경의 목적은 아닙니다. 또한, 하나님께서는 이 모든 상황 가운데서 사람들을 구원하고자 하신다는 것을 마음에 두는 것이 필요합니다. (한 가지 예를 든다면, 아브라함과 아비멜렉과 사라 사이에 일어났던 일에 하나님께서 개입하신 것입니다. 창세기 20장, 특히 6절을 살펴보십시오.)

하나님에 대한 인간의 개념은 왜곡되어 있다
예수님께서 말씀하신 달란트 예화에서, 세 번째 종은 주인에 대해 잘못 알고 있었습니다. 그는 주인을 다른 사람에게서 돈이나 곡식을 속여 빼앗는 "엄한" 사람으로 생각했습니다(마태복음 25:24). 그 결과, 그는 자기가 받은 한 달란트를 땅 속에 숨겼습니다. 마찬가지로 하나님을 "엄한" 분으로 생각하면, 하나님의 임재와 같은 선물이 우리의 것임에도, 이를 땅에 숨기려 합니다.

가장 흔한 왜곡은, 어른들이 어린 아이들에게 화를 낼 때 불합리하며 절제하지 못하는 경우가 있는데, 하나님이 이런 식으로 진노한다고 말하는 것입니다. 하나님을 이런 분으로 생각하며 관계를 맺으면, 우리는 부정적인 말을 스스로 되뇌이며, 이를 하나님의 음성으로 착각할 수도 있습니다: 너는 못생겼다, 너는 형편없다, 너는 무능력하다…. 이런 왜곡은 쉽게 고쳐지지 않습니다. 그러나 복잡하지만 흥미있는 과정을 거치면 고쳐질 수도 있습니다.

* 하나님의 성품에 대해 공부한다.
* 공부를 통해 얻은 진리를 마음속에 그려본다.
* 하나님의 은혜를 잘 드러내는 사람들과 관계를 맺는다.
* 하나님과 기도를 통해 대화를 나누며, 우리가 가진 불만을 토로할 수 있을 정도로 유연한 관계를 유지한다.

만약 인생의 여러 경험을 통해, 하나님에 대한 이미지가 흐려지거나 왜곡된 사람이 있다면, 이를 다시 설정해야 하는 사람도 있을 것입니다. 만약 하나님에 대한 몇몇 이름이나 하나님에 대한 비유가 당신의 마음에 두려움을 만든다면, 당신은 다른 것을 사용하기 원할 것입니다. 예를 들면, 부모라는 이미지가 도움이 되지 못하면, 하나님과 우리 사이를 창조주와 피조물로 생각하는 것이 나을 것입니다. 우리는 하나님의 새로운 피조물이며, 그분의 손으로 만든 작품입니다(고린도후서 5:17, 이사야 29:23 참조).

이 장에서 우리는 하나님께서 선하거나 공평하지 않을지도 모른다는 두려움에 대해 살펴보았습니다. 다음 장에서 우리는 하나님에 대해 가지고 있는 또 다른 두려움을 살펴볼 것입니다. 만약 이 장(章)들을 읽는 동안, 여기서 다룬 영역들을 크게 두려워하고 있다면, 이들 영역을 다룬 많은 책들 가운데 하나를 택하여 읽어 보는 것도 좋을 것입니다. 이런 자료들을 통해, 평안히 하나님 안에 거하고 하나님의 임재를 즐길 수 있을 것입니다(에베소서 3:17).

묵상과 적용을 위하여

만약 당신이 이해할 수 없는 하나님의 "길"에 대해 질문을 한다면, 무엇을 여쭈어 보겠습니까?

시편 139:2-5을 읽어 보십시오.

> 주께서 나의 앉고 일어섬을 아시며, 멀리서도 나의 생각을 통촉하시오며, 나의 길과 눕는 것을 감찰하시며, 나의 모든 행위를 익히 아시오니, 여호와여, 내 혀의 말을 알지 못하시는 것이 하나도 없으시니이다. 주께서 나의 전후를 두르시며, 내게 안수하셨나이다.

앞에서 읽은 시편에 대한 당신의 반응을 잘 요약한 것을 고르십시오.

- ☐ 이 사실을 알고 마음에 평안을 느낀다.
- ☐ 이 사실을 알고 마음에 불안을 느낀다.
- ☐ 하나님의 이런 성품은 좋지만, 잘 이해하지 못하고 진정한 의미를 제대로 누리지 못하는 것 같다. (이것은 시편 기자의 반응이었습니다. 그는 6절에서 "이 지식이 내게 너무 기이하니, 높아서 내가 능히 미치지 못하나이다"라고 말했습니다.)

당신이 알고 있는 하나님에 관한 진리 중에서, 더욱 초점을 맞추어야 할 필요가 있는 진리는 무엇입니까?

제 17 장
하나님의 사랑을 믿으라

나는 탐식(貪食)하는 습관이 있는 사람들이 모이는 치료 그룹을 3년째 인도하고 있었는데, 어느 날 저녁 동일한 주제가 매주 반복되고 있음을 발견하였습니다. 그룹 참가자들은 하나님께서 자신을 사랑하는지에 대한 의구심을 여러 가지 형태로 표현하였습니다. 그래서 그 다음 주에, 나는 이에 대해 토의하자고 제안했습니다. 그러나 그들은 모두 하나님께서 자기를 사랑하는가에 대해서는 전혀 의심하지 않는다고 주장했습니다.

그래서 나는 일반적인 주제를 나누면서 토의를 시작하였습니다. 그러자 놀랍게도 "의심한다"는 내용이 다시 흘러나왔습니다. "하나님께서는 아마도 내 말을 듣기 싫어하실 거야," "내가 이런 생각을 하는 것을 아시면 내게 화를 내실 거야," "하나님께서 나를 참아 주실지 모르겠어…." 나는 이런 말을 듣고서, 우리가 하나님의 사랑에 대해 분명한 확신을 갖고 있지 못하다는 것을 알았습니다. 나는 내 자신을 살펴보기 시작했습니다. 하나님께서 나를 사랑하신다는 사실을 진정으로 믿고 있는지, 그리고 하나님과 나 사이에 존재하는 거리감이 왜 생겼는가를 생각하기 시작했습니다.

바로 앞장에서 토의하였던 "하나님께서는 선하시지도 공평하시지도 않아"라고 하는 두려움과는 다른 "하나님께서는 나를 사랑하시지 않아"라는 두려움이 생겼습니다. 우리는 이런 두려움이 있다고 인정하지 않는데, 이런 두려움이 있다는 사실을 잘 깨닫지 못하기 때문입니다. 그러나 우리의 마음속에 있는 분노를 하나님께 솔직히 쏟아 놓기 시작하면, 이런 우리를 "인내하실" 것인가에 대해 의구심을 품기 시작합니다. 또는 하나님의 음성 듣기를 배우는 것은 좋기는 하지만, 하나님께서 몽골과 같은 오지에 선교사로 가라고 하시면 어떻게 하나 하는 생각을 합니다. 아마도 아예 하나님께 들으려고 하지 않을지도 모릅니다. 우리가 싫어하는 것을 강제로 시키실지도 모른다는 생각을 합니다. 인생의 어느 순간에 하나님의 임재를 즐기기를 꺼려하는 자신을 발견할 때에, 이는 아마도 당신에 대한 하나님의 사랑에 두려움을 갖고 있다는 표시일 수도 있습니다.

그럼에도 이런 말을 하는 것은 올바르지 않은 것처럼 들립니다. "예수님께서 날 사랑하신다"고 말하고 찬송하면서 어떻게 하나님의 사랑을 의심할 수 있겠습니까? "하나님은 사랑"(요한일서 4:8)이라는 구절을 인용한다고 해서, 이 구절에 담긴 깊은 의미를 진정으로 믿는다고 할 수는 없습니다. 농담으로 하는 말이기는 하지만, 하나님께서 "우리의 관심을 끌거나" 혹은 "우리를 더욱 강하게 하시기" 위해, 천둥 번개를 일으키시거나 문젯거리를 우리에게 보내 주신다는 말을 하는 사람들이 있는데, 이런 말은 바로 우리가 하나님을 어떻게 여기고 있는가를 그대로 보여 줍니다. 이 말은 바로 우리가 기도를 통해 하나님과 긴밀한 관계를 맺고 있지 못하다는 것을 설명해 주고 있습니다. 온 우주를 감시하는 경찰과 같은 하나님과 늘 함께하고 싶은 사람이 어디 있겠습니까? 이런 경우, 기도는 우리의 가장 좋은 모습을 보여 드리려고 하는 것이 됩니다. 하나님께 잘 보이기 위해 눈코 뜰 새 없이 비정상적으로 열심히 살려 하게 됩니다. 이는 만약 우리가 잠시라도 멈춘다면, 아무 소리도 들리지 않는 공허한 가운데 지내야 하거나, 아니면 하나님으로부터 재촉하는 소리를 들을지도 모른다고 생각하기 때문입니다. 우리는 하나님께서 우리를 도와주실지, 하나님께서 우리를 구해 주실지 확신이 없습니다.

우리는 하나님의 사랑을 받는 자인지 확신하지 못해 갈등하곤 합니다. 헨리 나우웬은 이런 갈등에 대해 다음과 같이 말합니다.

> 지금까지 살아 오면서, 내가 하나님의 사랑을 받으며 살고 있다는 사실을 완전히 잊은 적은 없지만, 나는 이 사실을 변함없는 진리로 주장하지 못했습니다. 나는 정말로 하나님의 사랑을 받고 있다는 사실을 확신시켜 주는 사람이나 물증을 찾기 위해 계속 노력했습니다. 나는 다른 사람들이 큰 소리로 "네가 뭔가 가치 있는 사람이라는 것을 증명해 봐. 뭔가 중요하고 놀랍고 굉장한 일을 해봐. 그러면 네가 그토록 갈망하는 사랑을 얻을 수 있을 거야"라고 말하는 것에 더 귀를 기울였습니다. 그러는 사이에, 내 마음속에서 들리는 조용하고 세미한 음성은 들리지 않거나, 들리더라도 마음에 확신을 주지는 못합니다.

하나님께서 우리를 사랑하지 않으실지도 모른다는 두려움은 너무나 근본적인 것이기 때문에, 우리 마음을 살펴보고 또한 하나님의 사랑을 우리가 얼마나 확신하고 있는가를 드러내어 주는 우리의 행동을 깊이 생각하려면 한 장(章) 전체를 다 할애해야 할 것입니다.

나는 하나님의 사랑을 받을 만한가?

하나님의 관심을 끌기 위해 애써 선행을 할 필요가 없다는 사실을 계속 듣지만, 이를 믿기는 참으로 어렵습니다. 이 장벽을 뛰어넘기 위해서는, 하나님께서 과거의 사람들을 어떻게 대하셨는가를 살펴보는 것이 도움이 됩니다. 예를 들어, 여주인을 경멸하다가 광야로 추방당한 하갈을 생각해 봅시다. 아브라함과 사라가 하갈에게 불공평하게 대했지만, 하갈에게도 잘못이 없는 것은 아니었습니다. 하갈이 하나님의 함께하심을 누릴 만한 자격이 있다고 말할 수 있겠습니까? 그렇지는 않습니다.

그러나 바로 광야의 샘물 곁에서 하나님께서는 하갈을 만나 주셨는데, 이는 하갈이 그럴 만한 자격이 있어서가 아닙니다. 선택받은 아브라함의 가정에서 핵심적인 인물이 아니었던 하갈이었지만, 인생의 어두운 시점에서 하나님의 사랑을 받았습니다. 하갈의 말은 우리의 남은 생애 동안 묵상할 만한 가치가 있습니다. "하갈이 자기에게 이르신 여호와의 이름을 감찰하시는 하나님이라 하였으니, 이는 '내가 어떻게 여기서 나를 감찰하시는 하나님을 뵈었는고?' 함이라"(창세기 16:13). 하나님께서 항상 나를 보고 계시다니, 이 얼마나 감사한 일이며 놀라운 은혜입니까?

그러나 죄를 너무 많이 지은 경우에는 어떻게 합니까? 예수님께서는 한 청년의 이야기를 해주셨습니다. 그 청년은 도덕적으로, 종교적으로(엄격한 유대인인 그가 돼지를 먹이는 일을 하다니요?) 그리고 자기의 능력으로는 도저히 갚을 능력이 없을 정도로 재정적으로 죄를 범한 사람이었습니다. 그런데도 그가 집에 돌아올 때, 그의 아버지는 아들이 저지른 죄에도 불구하고 달려와서 끌어안으며 극적인 장면을 연출하였습니다. 아버지는 아들이 돌아오는 것을 어떻게 알았을까요? 지붕에서 수년 동안 아들을 기다렸을까요? 아니면 그 땅을 지키는 하인을 시켜서 아들이 돌아오는 것을 지켜보게 했을까요? 우리는 단지 아버지가 아들의 마음이 변화되었다는 것을 알고 있었다는 것만을 알 수 있습니다. 그리고 아들이 용서를 구하기도 전에 용서를 해주었습니다(누가복음 15:11-32). 하나님께서는 이 아버지보다도 훨씬 더 큰 열심을 가지고 우리가 하나님께 시야를 돌리기를 원하시며, 우리가 하나님께 나아갈 때에 극진히 환영하십니다. A. W. 토저는 다음과 같이 말했습니다. "언제 어디서나 하나님은 임재하시며, 언제나 하나님께서는 각 사람에게 발견되기를 원하십니다."

이렇게 사랑을 강조한다고 해서, 하나님께서 순종하기를 원하시지 않는다는 의미는 아닙니다. 하나님께서는 나의 중학교 시절 선생님처럼 엄하십니다. 그 선생님은 우리에게 거의 불가능하게 보이는 숙제를 주시곤 했습니다. 차이점은 하나님께서는 그 과제를 해결하도록 돕기 위해 우리와 늘 함께하여 주신다는 것입니다. 우리가 숙제를 할 때, 현관문을 두드리며 찾아오셔서 우리 옆에 앉아 우리가 숙제를 잘 하도록 도와주십니다.

하나님께서 우리를 사랑하신다는 것을 믿으면, 우리는 자신을 좀 더 잘 용납할 수 있습니다. 우리 자신이 가치 있는 사람임을 보이려고 애쓸 때, 이는 우리가 사랑을 받고 인정을 받고 싶은 마음이 있다는 것을 은연중에 드러내는 것입니다. 하나님께서는 이런 우리를 사랑으로 붙잡으시면서, 사랑과 인정을 받으려면 무엇을 해야 하느냐고 묻는 우리에게 아무것도 필요 없다고 말씀하십니다. 하나님께서는 이미 어떤 사람도 할 수 없는, 심오하고 지속적인 사랑으로 우리를 사랑하시며 우리를 귀히 여기십니다. 친구가 멀리 떠나거나, 맡은 과제가 실패할 것 같아 괴로워하고 있는 순간에도, 우리는 결국 우리 마음속 깊은 곳의 텅빈 공간을 채울 수 있는 친구는 오직 하나님이심을 믿게 됩니다.

하나님의 사랑을 믿는 가운데 살아감

우리는 이 진리를 머리로는 알아도 마음으로 받아들이는 데에는 시간이 걸리기 때문에, 쉽게 확신을 가지지 못합니다. 이 진리를 완전히 소화해서 우리 안에 울려 퍼지게 하며, 우리의 시야를 새롭게 하기까지에는 노력이 필요합니다.

우리는 먼저 이 진리에 깊이 잠기는 것부터 시작합니다. 그리고 깊이 잠기기 위한 여러 시도를 해야 합니다. 이 진리를 묵상하고, 생각에 잠기고, 하나님의 사랑에 감격하여 춤을 추고, 그 사랑을 음악으로 표현하고, 하나님께 우리의 사랑을 고백하는 등, 이 진리를 우리의 영혼에 간직하기 위해 어떤 방법이든 시도하십시오. 나는 종종 내게 대한 하나님의 사랑을 노래한 찬송을 거듭해서 듣습니다. 그리하여 이 찬송에 푹 잠기어, 내 생각이 씻겨 변화되도록 합니다. 나는 또한 예수님께서 비유하신 탕자라고 생각하며, 나를 끌어안기 위해서 달려오시는 아버지를 길에서 맞이하는 장면을 그려 보거나, 아니면 하갈이라고 생각하며, 하나님의 은혜를 받을 만한 일을 한 적이 없지만 하나님께서 나를 만나 주시고 나와 함께하시며 나의 목마름을 해결해 주시는 장면을 그려 보기도 합니다. 그러면서 나는 하나님의 한없는 사랑과 은혜에 감사하기도 합니다. 하나님께서는 결코 우리를 버리지 않으십니다.

어떤 단어나 어구에 깊이 잠기는 것도 이 진리 가운데 사는 데 도움이 됩니다. 나는 다음 구절에 나오는 '넘치게'라는 단어에 잠기기를 즐깁니다. "하나님이 능히 모든 은혜를 너희에게 넘치게 하시나니, 이는 너희로 모든 일에 항상 모든 것이 넉넉하여 모든 착한 일을 넘치게 하게 하려 하심이라"(고린도후서 9:8). '넘치게'라는 말은, 내게 어떤 필요가 있더라도 이를 넉넉히 채울 수 있는 놀라운 하나님의 사랑과 은혜를 생각나게 합니다.

하나님의 사랑을 내게 생각나게 해주는 또 다른 강력한 통로는, 내가 아무리 형편없는 처지에 있더라도 나를 용납해 주는 친구의 온유한 얼굴입니다. 하나님의 사랑을 나타내 주는 상징을 여러 곳에서 만들어 갈 때, 우리는 이를 이용하여 진리에 잠기며 우리의 장막을 그곳에서 펼칠 수 있게 됩니다.

나는 이 진리를 삶 속에 적용하는 방법 가운데 하나를, "영혼을 공격하는 상처의 치유"라는 책에서 소개한 바 있습니다.

아동 교육 전문가 한 분이 내게 조언하기를, 예수님께서 아이를 무릎에 안고 있는 그림을 딸에게 구입해 주라고 했습니다. 그림을 보고 딸아이가 하나님의 사랑을 이해할 수 있도록 하기 위함이었습니다. 내가 사준 그림에는 예수님께서 아이를 부드럽게 안으시며, 손으로 머리를 쓰다듬어 주고 계시는 모습이 그려져 있었습니다. 수염이 난 턱을 아이의 턱에 맞대고 계셨으며, 아이는 한없이 평화로워 보였습니다. 때로 실패했다는 느낌이나 외롭다는 느낌이 들 때, 나는 이 그림을 딸아이의 방에서 떼어, 내가 일하는 방으로 가져와 내 컴퓨터 모니터 뒤에 걸어 둡니다. 그날 종일 나는 그림을 바라보며, 그림 속의 아이가 나라고 생각합니다. 하나님께서 그림 속의 아이를 사랑하시듯 나를 사랑하신다고 생각하며, 나는 위로를 얻습니다.

새로운 자유

아낌없이 주시는 하나님의 사랑에 대한 우리의 의심을 해결하기 위한 노력을 지속적으로 하면, 삶의 구석진 곳에서도 하나님의 임재를 더욱 자유롭게 즐길 수 있게 됩니다. 성(性), 스포츠, 여가 시간 등 어떤 영역도 제한을 받지 않습니다. 하나님께서는 우리가 교회 예배에 참석할 때뿐만 아니라, 삶의 다른 순간에도 우리와 대화를 나누고 싶어하신다는 것을 알게 됩니다.

거룩한 것과 세속적인 것의 구별이 점점 사라지게 될 것입니다. 삶의 모든 영역에서 하나님의 함께하심을 깨닫고 살아간다면, 예수님께서는 회당에서 가르치실 때뿐만 아니라, 목수로서 의자와 탁자를 만드실 때에도 거룩한 일을 하셨다는 것을 이해하게 됩니다. 일상 생활과 믿음의 분리는 사라질 것입니다. 이는 "예수님을 직장으로" 혹은 "예수님을 가정으로" 초청한다는 것이 아니라, 일상 생활 가운데서 역사하시는 하나님을 깨닫는 것입니다.

마음속 깊이 하나님께서 우리를 사랑하심을 믿으면, 하나님과 함께하는 시간을 더욱 쉽게 즐길 수 있습니다. 우리가 오랫동안 갈망하던 친한 친구와 지혜로운 부모가 되시는 하나님을 발견할수록, 하루 종일 하나님과 "시간을 허비하며" 보내는 것을 즐거워할 것입니다.

묵상과 적용을 위하여

지금까지 하나님께 한번도 말씀드리지 않은 것 가운데서, 하나님께 말씀드려야 할 필요가 있는 것이 있습니까?
_____

하나님께 많은 사랑을 받고 있다고 느끼는 경우는 언제입니까?
_____

당신이 하나님의 사랑을 받을 자격이 없는데도, 하나님께 사랑을 받은 적이 있습니까?
_____

만약 당신이 다음 구절에 근거하여, 하나님과 당신의 모습을 그린다면 어떤 그림을 그리겠습니까? "보라. 아버지께서 어떠한 사랑을 우리에게 주사 하나님의 자녀라 일컬음을 얻게 하셨는고. 우리가 그러하도다!"(요한일서 3:1).

제 18 장
경건의 시간을 새롭게 하라

존 덕워스는 한 글에서, 타성적인 자기의 경건의 시간에 새로운 변화를 가함으로써 주님과 풍성한 교제를 나누게 되었던 예를 소개하고 있습니다.

나는 기독교 서적과 용품 전시회에서 막 돌아왔습니다. 편집자인 나는 직업상, 각 출판사의 전시장이 길게 늘어선 복도를 따라 이리저리 다니면서, 끝없이 진열된 책과 광고 스티커, 음악 테이프와 열쇠 고리, 액자와 성경 어구 장식 등을 둘러보았습니다. 신제품들도 많았고, 저마다 선전에 열을 올리고 있었습니다. 전시회장은 시끌벅적한 시장 바닥과 같습니다. 더 많은 것을 볼수록, 잠시 위안을 주려고 만든 이런 물건들 때문에 마음이 편치 않았습니다. 나도 이런 것들을 사용하였습니다. 이런 물건들을 전시하고 선전하는 사람들 중에는 성전의 환전상과 장사꾼들과 같은 이들도 일부 있을 거라는 생각이 들었습니다. 내가 바로 그런 사람들에 속한다는 생각이 들었습니다.

나는 전시장을 떠나 하나님께 용서를 구하는 시간을 갖고 싶었습니다. 집에 돌아와 한낮에 텅빈 집에 혼자 앉아 있으면, 이런 시간을 효과적으로 가질 수 있을 것이라고 느꼈습니다. 나는 의자에 앉아 머리를 숙였습니다. 그러나 어떤 이유에서인지 기도할 수가 없었습니다. 문득 내 자세가 틀렸다는 생각이 들었습니다. 나는 지금까지 나의 실제 모습보다 나를 더 높이 평가하고 있었다는 생각이 들었습니다. 이제 나를 낮출 필요가 있었습니다. 나는 무릎을 꿇었습니다. 내가 언제 무릎을 꿇었는지조차 기억이 나지 않았습니다. 그러나 더 낮춰야 한다는 생각이 들었습니다. 내가 생각할 수 있는 다른 자세는, 성경에도 나와 있듯이, 엎드려 절하는 것이었습니다. 그것은 너무 이상하다는 생각이 들었습니다. 이전에 그런 식으로 기도한 적이 없었기 때문입니다. 나는 그렇게 할 수 없었습니다.

그러나 잠시 뒤에 나는 바닥에 몸을 구부리고, 이마를 바닥에 대고 있는 자세를 취하였습니다. 엎드려 경배하는 이 자세가 옳다는 생각이 들었던 것입니다. 나는 조용히 기도하기 시작했습니다. 그러다가 멈추었습니다. 내가 말씀드릴 때가 아니라고 생각되었습니다. 오히려 들을 필요가 있었습니다. 나는 오랫동안 기다렸습니다. 그때 내가 수년 동안 알고 있던 한 구절이 속삭이듯 떠올랐습니다. "너희는 가만히 있어 내가 하나님 됨을 알지어다"(시편 46:10).

너무나 단순한 구절이었습니다. 하나님을 아는 것이 그

렇게 단순한 것이면 얼마나 좋을까? 경건의 시간을 잘 갖기 위해, 말씀 읽기와 기도 시간을 체계적으로 가지고, 습관화된 방식과 졸리는 독백을 지루하게 반복하는 것이 아니라면 얼마나 좋을까?

그날 오후 바닥에 엎드린 자세에서, 나는 그런 자세를 취하도록 초청하신 하나님이 어떤 분이신지를 알고 싶은 마음이 생겼습니다. 나는 내가 가만히 있어도 만족하시는 분을 만나고 싶었습니다. 새벽 4시에 일어나 레위기를 읽는 것보다 훨씬 쉬운 멍에를 내게 원하시는 분을 만나고 싶었습니다. 나는 오직 잠잠하고 하나님을 알고 싶었습니다.

나는 이를 너무나도 원했습니다. 그래서 다음날 아침 평소보다 30분 일찍 일어나 바닥에 다시 엎드렸습니다. 그리고 그 다음날과 그 다음날에도 그렇게 했습니다. 처음에는 성경도 가지고 가지 않았습니다. 그저 마음을 비우고 시편 46:10 말씀만 생각했습니다. 얼마 지나지 않아, 나는 지극히 높으신 하나님을 경배하고자 하는 마음이 생기는 것을 발견했습니다. 나는 조그만 소리로 하나님께 기도하거나 찬송가 가사를 생각했습니다. 그러나 대부분의 시간 동안 나는 잠잠했습니다. 그리고 나서, 성경을 가지고 가서 시편 기자와 욥과 베드로, 그리고 수많은 사람들에게 잠잠하라고 하셨던 하나님의 말씀을 읽기 시작했습니다. 그러나 이렇게 성경을 읽은 후에도 나는 잠잠해졌습니다.

이런 시간을 갖기 시작한 지 한 달, 두 달, 석 달이 흘렀습니다. 6개월이 흐르고, 1년이 흘렀습니다. 그러나 이는 어떤 성취가 아니었습니다. 식사와 같은 것이었습니다. 나는 배가 고팠기 때문입니다. 이는 규칙들을 잊는 것이었으며, 시간이 지날수록 더욱 익숙해졌습니다. 이것은 지금까지 내가 행한 것 중에서 가장 쉬운 것이었습니다.

이때부터 나의 아침 스케줄은 바뀌었습니다. 시간도 바뀌었고, 자세도 바뀌었습니다. 정말로 경건의 시간은 풍성해졌습니다. 잠잠히 보낸 시간들로 인하여 더 많은 것을 잃어버린 것이 아니라, 이로 말미암아 나는 영적 굶주림을 느끼게 되었고, 휴식을 취하며 무언가를 먹을 수 있는 놀라운 곳을 알게 된 것입니다.

어떤 사람들은 하나님의 임재를 연습하는 것이, 따로 시간을 정해 놓고 경건의 시간을 갖는 것을 대체해야 하는지 의구심을 표현합니다. 그럴 필요는 없습니다. 경건의 시간이 그저 활동으로 그치는 것이 아니라 진정 하나님의 임재를 누리는 시간이 되는 것이 중요합니다. 그 어떤 때보다 당신은 휴식을 취하며 무언가 영혼의 꼴을 먹을 수 있는 곳을 갈망할 것입니다. 잠깐 잠깐 하는 기도로는 이런 갈망을 더 이상 채울 수 없기 때문입니다.

게다가 경건의 시간은 하나님께 초점을 맞추고 하나님께 듣는 훈련을 하도록 도와줍니다. 이는 하나님의 임재를 즐기는 데 필요한 기술입니다. 그리스도인에게 있어서 경건의 시간은, 마치 야구 선수가 배팅 연습을 하는 것과 같습니다. 야구 선수는 경기에 임해서 자동적으로 정교한 스윙을 할 수 있을 때까지 연습을 합니다. 우리는 하나님께 말씀드리고 경청하는 기술을 경건의 시간을 통해 익히며, 매일의 삶에서 자연스럽게 이런 기술이 나올 수 있도록 해야 합니다.

그러나, 하나님의 임재를 연습하며 이를 즐기는 것은, 우리의 경건의 시간을 약간 느슨하게 갖는 것을 의미할 수도 있습니다. 여러 규칙을 잊고, 지속적으로 이런 상태에 익숙해지는 것입니다. 우리는 때로 답답한 골방에서 나와 공원으로 나가는 때가 있을 것입니다. 많은 좋은 책들이 하나님과 교제하는 시간에 대하여 기록되었지만, 매일 하나님의 임재를 경험할 수 있도록 도와주는 활동 가운데 종종 간과되는 것 몇 가지를 소개하고자 합니다.

하나님과 단둘이 보내는 시간을 즐김

하나님과만 홀로 보내는 시간은 차 안에서 몇 분 동안 혼자 있는 것보다 훨씬 큰 의미가 있습니다. 예수님께서는 이런 시간을 충분히 가지시며 즐기셨습니다. 성경을 보면 예수님께서 개인적으로 시간을 갖는 모습이 잘 나타나 있습니다. 날이 새기도 전에 한적한 곳으로 나가 하나님과 홀로 시간을 보내셨던 예수님(마가복음 1:21-35)의 모습이 자주 인용됩니다. 예수님께서는 그 전날 제자들을 부르시고, 귀신을 쫓아내시며, 병든 사람들을 고치시는 바쁜 하루를 보내셨습니다. 이 구절을 인용할 때는 주로, 그렇게 바쁜 하루를 보낸 다음날에는 우리들 대부분이 그냥 잠을 잤을테지만, 예수님은 그렇게 하지 않으셨다는 점을 강조합니다. 요점을 잘 파악했다고 생각됩니다. 그러나 이는 경건의 시간은 "날이 궂으나 좋으나" 꼭 가져야 한다는 것만을 강조하고 있습니다. 이 장의 처음에 소개한 덕워스의 경험처럼, 경건의 시간을 성취의 대상으로 생각하게 할 수도 있는 것입니다.

이 구절은 예수님의 마음에 있는 것은 표현하지 않았습니다. 그래서 다음과 같이 생각해 보기 바랍니다. 혼잡하고 사람들을 많이 섬겨야 하는 하루를 보낸 뒤에, 예수님께서는 피곤하셨을 것입니다. 그러나 주님께서는 하나님과 단둘이 보내는 시간을 너무나 사랑하셨기 때문에, 다음날 아침 일찍 일어나 나가 하나님과 함께 시간을 보내기를 간절히 원하셨을 것입니다. 바쁘게 하루를 보낸 다음날, 나는 종종 하나님과 더 많은 시간을 함께 보내기를 원합니다. 하나님께 말씀드릴 것도 많고 들어야 할 것도 많습니다. 예수님의 경우에, 그 동기력이 너무나 강했기 때문에, 그 전날 엄청난 도움이 필요한 사람들을 많이 만나셨음에도 불구하고 이것 때문에 걱정하지 않으셨습니다. 예수님께서는 새롭게 만난 제자들과 이전에 귀신이 들렸던 사람들을 하나님께 의탁했습니다. 예수님께서는 하나님의 아들이셨지만, 모든 것을 하나님께 아뢰며 행하셨습니다.

하나님과 단둘이 보내는 시간에 우리 성품의 부족한 부분이 표면으로 떠오릅니다. 또한 우리에게는 고통스럽지만, 생의 각 단계마다 우리가 자기를 위해 고집스럽게 집착하는 것들이 있음을 깨닫게 됩니다. 이 시간을 통해 우리는 마음속의 탐욕을 잠잠케 하며, 분산된 관심을 정리하여, 생의 모든 순간 동안 하나님께 관심을 더욱 집중하며 하나님께서 말씀하여 주시는 것을 잘 들을 수 있게 됩니다.

하나님과 단둘이 보내는 시간을 통해 우리는 성품의 변화를 경험합니다. 헨리 나우웬은 이 시간을 통해 "자기 의가 강한 사람이, 온유하고 용서하기를 좋아하는 사람으로 바뀌어 자기 자신의 죄가 심히 크다는 것을 알 뿐만 아니라, 하나님의 긍휼이 이보다 훨씬 더 크다는 것을 알아, 삶 전체가 하나님을 섬기도록 변화된다"고 했습니다. 하나님과 단둘이 시간을 보내면 우리에 대한 비난을 훨씬 더 잘 다룰 수 있습니다. 남편이 새로운 교회를 담임하기 시작했을 때였는데, 내가 다른 수양회에 강사로 나가기 위해 연속적으로 수주 동안 교회를 비운 것을 문제 삼았던 교인이 있었습니다. "사모님은 교회보다 자기 일이 더 중요한가 봅니다." 수년 전이었다면 나는 이 말을 듣고 크게 실망했을 것입니다. 그러나 수년 동안 카펫 바닥에 엎드려 기도하면서, 하나님께 내가 공식 석상에서 말씀을 전해도 되는지를 여쭈어 보고, 만약 그것이 하나님의 뜻이라면 내가 어디에 초점을 맞추어야 하는지를 알게 해달라고 기도해 왔습니다. 수년 동안 하나님께서 내게 주신 답은 선명했습니다. 수양회에서 말씀을 전하는 것은 내가 감당해야 할 특별한 사역이라는 것이었습니다. 그럼에도 나는 이 교인의 말을 듣고 다시금 하나님께 나아가 여쭈었습니다. 나는 방향 전환의 필요성을 발견하지 못했습니다. 그러나 내 안에서 변화가 일어나는 것을 알았습니다. 나를 비난하는 그 사람에 대해 긍휼히 여기는 마음을 갖게 되었고, 이것이 내게 필요한 것이었습니다. 그래서 내가 생각해도 놀랄 정도의 온유함을 가지고 그 비난에 대처할 수 있었습니다.

하나님과 단둘이 보내는 시간은 또한, 다른 사람의 의견에 휘말려 제물이 되지 않도록, 하나님께 깊이 뿌리를 내릴 수 있도록 도와줍니다. 하나님 앞에서 잠잠한 시간을 보내면, 필요 가운데 있는 사람을 내가 직접 고치거나 구하지 않고도 하나님께 맡기며 위대한 일을 행하실 것을 기대하게 됩니다. 우리 안에 있는 걱정과 공허감을 발견하는 것은, 언제나 하나님과 함께 시간을 보내며 하나님의 세미한 음성을 들어야 한다는 신호로 여겨야 합니다. 점차 우리는 언제 어디서나 어떤 상황에 있든지, 이렇게 하는 것을 배우게 됩니다.

하나님과 단둘이 보내는 시간을 갖는 예를 한 가지 든다면 다음과 같습니다. 먼저 당신이 현재 가지고 있는 모든 짐을 하나님께 내려놓으십시오. 마음속으로 당신은 다음과 같이 기도할 수 있습니다. "주님, 존을 향한 분노를 주님께 내려놓습니다. 오늘 오전에 치과에 가야 하는데 두려움이 있습니다. 이를 주님께 맡깁니다. 이 달에 결제해야 할 청구서가 많이 있는데 돈이 부족하여 마음속에 걱정이 생깁니다. 이를 주님께 맡깁니다. 오늘 저녁 아기를 돌보아 줄 사람을 구하지 못해 생긴 실망감을 주님께 맡깁니다." 당신의 마음속에 어떤 짐이 생기든 혹은 당신에게 어떤 걱정이 생기든 단지 "주님께 맡깁니다"라고 말하십시오. 이를 주님께 내려놓으십시오. 주님께 내려놓은 후 잠시 동안 마음속으로 하늘을 바라보십시오. 이는 주님께 응답을 받고 싶다는 당신의 마음을 표현하는 것입니다. 다음과 같이 조용히 기도할 수도 있을 것입니다. "주님, 존을 주님의 사랑으로 사랑할 수 있도록 도와주소서. 치과 약속에 대해 주님께서 주시는 평강을 경험할 수 있도록 하소서. 주님의 인내와 기쁨을 경험하게 하소서." … 그 다음에는, 나머지 시간을 아무 말 없이 잠잠히 있으십시오. 아무것도 구하지 마십시오. 당신에게 말씀하시며, 당신을 사랑할 수 있도록 주님께 여유를 드리십시오. 어떤 인상적인 생각이나 방향 제시가 오면 좋을 것입니다. 그러나 그런 것이 오지 않더라도 좋은 것입니다.

예배 가운데 하나님을 즐김

브라더 로렌스는 할 수 있는 한 자주 하나님을 예배(경배)하였습니다. 그러나 찬양은 모든 사람에게 다 쉬운 것은 아닙니다. 우리 아이들이 어렸을 때, 아이들에게 하나님을 찬양하는 것을 가르치는 것은 내게 매우 힘이 들었습니다. 우리 집 아이가 아장아장 걷던 시절, 나는 아이와 함께 해가 지는 것을 볼 때마다 "하나님, 놀랍습니다"라고 말했습니다. 당신이 경건의 시간을 가지면서 하나님을 찬양하는 기술을 갈고 닦을 수 있는 몇 가지 방법을 소개합니다.

시편 풀어쓰기. 시편에 자기 이름을 넣어서 풀어써 봅니다. "여호와는 나의 목자시니 내가 부족함이 없으리로다"(시편 23:1)는 "하나님께서는 언제나 나를 지켜보고 계시기 때문에, 아무것도 두려울 것이 없습니다" 혹은 "주님은 나의 경호원이 되어 주십니다" 또는 "주님은 나의 선생님이 되어 주십니다"라고 풀어쓸 수 있습니다.

하나님의 속성과 성품을 묵상함. 하나님의 속성과 성품이 나타나 있는 구절을 가지고 마음속으로 그림을 그려 보는 것도 도움이 될 것입니다. 예를 들어, 지구에서 일어나는 모든 지진의 세세한 부분까지 다 알고 계시는 하나님을 상상해 보면, 하나님의 능력이 더욱 실감 있게 다가올 것입니다. 하나님께서 얼마나 알뜰하신 분인지는 자연을 살펴보면 알 수 있습니다. 하나님께서는 썩은 채소조차도 분해되게 하사 땅을 비옥하게 하십니다. 모든 것을 다 아시는 하나님의 전지하심은, 사람들이 자기에게 어떤 필요가 있다는 것을 발견하기도 전에 그 필요를 채워 주시는 데에서 알 수 있습니다.

하나님께 찬송을 부름. 단순히 하나님에 '대해' 노래하기보다는, 그 찬송가를 통해 하나님께 '직접' 말씀드림으로써 하나님의 임재를 경험할 수 있습니다. 이전에 나는, 밤중에 젖먹이 아이를 돌보면서 흔들의자에서 잠이 들곤 했습니다. 그래서 나는 "오 신실하신 하나님"이란 찬송의 모든 가사를 외기 시작했습니다. 오래지 않아 나는 졸음을 물리치고 정신이 온전한 상태가 되었으며, 어둠 가운데서도 나의 친한 동반자가 되어 주신 하나님을 찬양할 수 있었습니다.

"놀라운" 성경 구절을 묵상함. 이를 통해 이땅의 경험에 제한된 우리가 하늘에 있는 것에 마음을 고정시킵니다. "땅의 열방들아, 하나님께 노래하고 주께 찬송할지어다. 옛적 하늘들의 하늘을 타신 자에게 찬송하라. 주께서 그 소리를 발하시니 웅장한 소리로다"(시편 68: 32-33). 이 시편은 왕이시며 창조주이신 하나님을 놀랍게 그리고 있습니다. 찬양을 통해 우리는 우주의 왕이신 하나님께서 계신 방을 바라봅니다. 그곳에서 우리는 보좌에 앉아 계신 하나님, 온 우주를 통치하시는 하나님을 뵐 수 있습니다. 하나님의 모습을 있는 그대로 볼 때 우리는 하나님을 찬양할 수밖에 없을 것입니다!

하나님의 말씀을 음미(吟味)함

"묵상은 단순히 영적인 것을 지속적이고 효과적으로 생각하는 기술입니다"라고 이블린 언더힐은 말했습니다. 그러나 우리는 묵상을 더 복잡한 것으로 만들어 놓았습니다. 브라더 로렌스가 하나님 앞에서의 자기의 모습을 설명한 것을 보면, 시편 23:5 말씀의 장면이 떠오릅니다. 이 장면에서 우리는 우리의 대적과 함께 앉아 있습니다.

> 나는 고통스럽고 온갖 부패가 가득하며, 왕이신 하나님께 온갖 종류의 죄를 범한, 심히 죄악된 사람이라고 생각합니다. 주님께 죄송한 마음이 들어, 나는 나의 모든 죄악을 주님께 자백하며 주님의 용서를 구했습니다.…인자와 긍휼이 풍성하신 왕께서는 맹렬히 비난하시기는커녕 사랑으로 감싸 주시며, 주님의 상에서 먹을 수 있도록 하시고 주님의 손으로 직접 섬겨 주십니다. 주님의 보물 창고 열쇠도 주십니다. 주님께서는 여러 가지 방법으로 끊임없이 나와 대화를 나누시며 나를 기뻐하십니다. 그리고 주님께서는 극진히 나를 존중하여 주십니다.

성경 말씀을 이런 식으로 그려 보면 단조로운 일상 가운데서 새로움을 얻습니다. 예를 들어, 성경 읽기를 하기로 한 날이 있었는데 읽을 수 없었습니다. 남편은 우리가 집을 구입하기로 계약한 직후에, 다니던 직장을 그만두었습니다. 내 수입과 남편에게 생길 수 있는 수입으로 잔금을 지불할 수 있을까? 수많은 중산층 가족이 길거리에 나앉게 된 것을 알고 있기 때문에, 집 없는 가정의 문제에 대해 많은 글을 쓴 터였습니다. 우리에게는 어떤 일이 일어날까?

그 순간 나를 두렵게 만드는 장면이 떠올랐습니다. 나는 망망대해에서 한 조각 나무에 몸을 의지하고 방금 파선한 배에서 멀어져 가며 허우적거리고 있습니다. 내 얼굴은 파랗게 질렸으며, 입술은 바싹 말랐고, 입가는 소금물에 절었습니다. 여기에 상어는 없나?

이 장면을 우리의 대적인 사탄의 공격을 그린 것이라고 말할 수도 있을 것입니다. 나도 그렇게 생각합니다. 그러나 또 다른 광경이 마음속에 떠올랐습니다. 시편 18:4-19 말씀을 수년간 묵상한 것에 기초한 것인데, 한 드라마의 구출 장면을 연상하게 합니다. 나는 5절 말씀을 마음에 떠올렸습니다. "음부의 줄이 나를 두르고 사망의 올무가 내게 이르렀도다." 그러나 하나님께서는, 서부 영화에 나오는 존 웨인이나 영화 "스타 워즈"에 나오는 루크 스카이워커처럼, 나를 구조하기 위해 나타나십니다. 두려운 상상 속에서도 내게 익숙한 말씀이 떠올랐습니다. 하나님께서 하늘을 떠나 그룹을 타고 날으시며, 흑암으로 장막같이 자기를 두르게 하시고, 우박을 내리시며, 번개와 함께 임하십니다. 하나님께서는 다가오는 상어 떼를 향해 화살을 쏘십니다(시편 18:9-14).

하나님께서 더욱 가까이 다가오시자, 하나님의 콧김 때문에 바다가 갈라지며 물밑이 드러나는 것을 볼 수 있었습니다. 하나님께서 위에서 내려오사 많은 물에서 나를 건지신 것입니다(시편 18:15-16). 마지막으로 내가 암송했던 한 구절이 내 마음속에 울려 퍼졌습니다. "나를 또 넓은 곳으로 인도하시고, 나를 기뻐하심으로 구원하셨도다" (시편 18:19).

눈을 뜨자 내 앞에 어려운 재정적 문제가 가로막고 있다는 것을 알았지만, 그 놀라운 기적이 일어날 것이라고 생각했습니다. 그리고 그 다음 여러 달 동안 기적은 일어났습니다. 불안정했던 그 몇 달 동안, 일상적으로 진행되던 생활 가운데서 나는 큰 믿음을 경험하였습니다. 경건의 시간에 내 마음에 박힌 바로 그 그림 때문이었습니다.

묵상과 적용을 위하여

당신의 경건의 시간에 변화를 주고자 한다면, 어떤 변화를 줄 수 있겠습니까?

_____

하나님께서는 당신의 경건의 시간에 어떤 변화를 원하신다고 생각합니까?

_____

다음 영역에 대해서, 당신의 경건의 시간에 대해 당신이 알아야 할 바를 가르쳐 달라고 하나님께 기도하십시오.

* 하나님과 단둘이 보내는 시간을 즐기는 것
* 일상 생활에서 사용하는 말로 하나님을 찬양하는 것
* 하나님 앞에서 당신의 모습을 정직하게 드러내는 것
* 이미 알고 있는 구절을 가지고 묵상하며 음미(吟味)하는 것

맺음말
새로운 여행을 시작하면서

브라더 로렌스는 이렇게 말하고 끝을 맺었습니다. "한 가지 꼭 이야기할 것이 있습니다. 처음 10년 동안 나는 많은 어려움을 겪었습니다. 나는 내가 원하는 만큼 하나님께 헌신되지 못했다는 염려, 계속 마음에 떠오르는 지난날의 죄, 그리고 하나님께서 나에게 감당할 수 없는 은혜를 베풀어 주셨다는 것 때문에 마음이 어려웠습니다. 이 기간 동안, 나는 자주 넘어졌지만 곧 다시 일어났습니다."

이 글을 끝마치기 전에, 지금까지 말한 바를 명료하게 할 필요가 있습니다. 모든 방법을 동원하여 하나님의 임재를 즐기며 하나님을 찾으십시오. 그러나 이것 때문에 긴장하지는 마십시오. 자주 넘어졌다는 브라더 로렌스의 고백을 듣고서는 하루, 사흘, 그리고 닷새 동안 하나님께 초점을 맞추지 않고 지내는 자신에 대하여 용납할 수 있을 것입니다. 로렌스의 예를 생각하며 우리는 다시 시작할 수 있습니다.

하나님의 임재를 연습하기 위해 너무 열심히 노력하면, 혼란이 생길 수 있습니다. 이런 훈련뿐만 아니라 다른 어떤 영적 훈련이라도 그 훈련 자체를 지나치게 추구하는 것은 잘못을 범할 수 있기 때문입니다. 우리는 영적 훈련을 추구하는 것이 아니라, 하나님을 추구해야 합니다. 훈련이 필요하고 중요한 것이긴 하지만, 하나님을 아는 것 이상으로 중요하지는 않습니다. 만약 훈련이 어떻게 이루어지고 있는지 평가해 보려면, 방법적으로 얼마나 완전하고 양적으로 어떤가보다는, 훈련의 내용과 질이 어떠하며, 또 훈련의 결과 하나님을 얼마나 더 사랑하고 알게 되었는가를 살펴보아야 합니다.

완벽하게 해야 한다는 생각을 버림

하나님의 임재를 즐기는 습관을 완벽한 수준으로 계발할 수는 없습니다. 이는 하나님께서 우리 안에서 이루시는 것입니다. 진 니콜라스 그라우는 "기도하는 일은 초자연적인 행위로서, 우리의 능력을 초월하는 것이며, 오직 하나님의 은혜와 도우심으로만 가능한 것임을 잊기가 쉽습니다"라고 기록합니다. "우리는 하나님께서 우리 안에 이 습관을 형성시켜 주시도록 간절히 간구해야 합니다. 그리고 우리는 하나님의 인도하심을 따라 잠잠히 순종해야 합니다." 급하게 밀고 나가며, 서두르고, 잘되도록 하기 위해 안달하기보다는, 우리 자신을 거듭해서 하나님께 굴복해야 합니다. 생산성을 높여야 한다는 생각에 사로잡힌 우리들에게 이런 접근 방식은 매우 중요합니다.

당신도 알다시피 실패 때문에 심하게 실망했을 경우에 당신은 몹시 긴장합니다. 브라더 로렌스는 "자기가 어떤 것을 실패했는지는 잘 알고 있었지만, 이에 실망하지는 않았던" 사람이었습니다. 반면 우리들 가운데 어떤 사람은 자기의 실패에 너무나 민감한 나머지, 실패로 말미암아 삶이 황폐해지는 경우가 있습니다.

만약 당신이 긴장하고 있다는 것을 발견하면, 잠시 동안 이 연습을 하지 마십시오. 리차드 포스터는 이를 하나님께 잠시 '작전 시간'을 달라고 요청하는 것이라고 했습니다. 하나님께서는 언제나처럼 은혜로우시며, 우리의 약한 점을 잘 이해하십니다. 작전 시간 동안 하나님께 "왜 이렇게 열심히 해야 합니까?" 하고 여쭈어 보십시오. 지나치게 완벽성을 추구하는 것은 종종 주님이 아니라 자기 자신에게 시선을 집중하는 것일 수도 있음을 기억하십시오. 이상적인 것은, 마리아처럼 자기 자신을 완전히 비운 채, 예수님의 발 앞에 앉아 '주님의 영광스러운 얼굴'에 시선을 집중하고 주님의 속삭임을 들으며 주님께서 원하시는 것은 무엇이든 하는 것입니다."

하나님을 위해 뭔가를 성취해야 한다는 의무감을 버리면, 우리는 위에 있는 것에 마음을 고정하고, 자기 자신이 얼마나 중요한 사람인가를 증명하는 일에서 등을 돌릴 수 있습니다. 하나님과 성취 중심의 관계를 맺으려고 하는 대신에, 하나님의 임재를 즐기면 우리는 다음과 같은 것에 초점을 맞추게 됩니다.

* 생산성보다는 안식
* 말하기보다는 경청함
* 가르치려고 하기보다는 들음
* 설교만 하기보다는 힘있게 살도록 격려함
* 알고 있다고 생각하기보다는 질문을 함
* 이를 악물기보다는 하나님께 굴복함
* 자신을 위해 허비하기보다는 후히 드림
* 들뜬 기분보다는 상한 마음을 추구함
* 화려한 삶보다는 단순한 삶에 집중함

최선을 다해 기도하라

당신이 기도할 수 없을 때 무엇을 할 수 있는지 하나님께 가르쳐 달라고 기도하십시오. 1994년 노스리지 지진이 일어난 4일 후에, 나는 편집자로 일하는 친구에게서 지진이 일어난 가운데서도 하나님을 의뢰하는 삶에 대해 글을 써줄 수 있느냐는 부탁 전화를 받았습니다. 그때서야 비로소 나는 지진이 일어난 후에 하나님께 기도하거나 하나님을 기억하지 못했다는 것을 발견했습니다. 죄책감을 느꼈습니다. 하나님의 임재를 수년 동안 연습해 왔는데, 왜 그런 긴박한 위기 가운데서 기도하지 않는 일이 생길 수 있을까? 물론 나는 청소와 식수 준비, 그리고 지진 후 복구 작업 등으로 바빴습니다. 그러나 그 사이에 나는 멍하니 하늘만 바라보고 있었습니다.

그 친구와 대화를 끝내고서 시편 46:10에 기초한 호흡 기도를 하기 시작했습니다. 때때로 나는 단지 두 마디 기도밖에는 할 수 없을 때가 있습니다. "가만히 있으라." 그러나 이 말로 기도하고 나면 하나님을 갈망하는 마음이 생겨, 하나님의 임재를 매순간 깨닫게 됩니다. 이 기도를 하자 마치 잃어버린 동전을 찾은 기분이었고, 이를 다시 찾아 춤을 추고 있는 듯한 기분이었습니다.

당신의 삶에 일어난 일로 말미암아 수일, 수주, 혹은 수개월 동안 이에 사로잡히는 경우가 있습니다. 좋은 일이든 나쁜 일이든 이런 급작스런 일은 당신이란 존재를 앗아가고, 하나님과의 친밀한 교제를 방해하는 것처럼 보입니다. 예를 들면, 부모님이 아프시다든지, 아이가 학교에서 정학을 당했다든지, 사랑에 빠지게 되었다든지, 혹은 꿈에 그리던 직장을 갖게 되었다든지 하는 일들입니다. 그러나 당신이 하나님과의 관계라는 등불을 정보나 느낌이 아니라 하나님으로부터 연료를 공급받아 계속 꺼뜨리지 않고 유지해 왔다면, 마치 오랫동안 자전거를 타지 않았더라도 곧바로 자전거를 탈 수 있듯이 하나님과의 관계를 쉽게 회복할 수 있을 것입니다. 당신에게 관대하십시오. 호흡 기도와 주님을 생각나게 해주는 것부터 다시 시작하십시오. 이렇게 할 때 하나님과의 동행이 다시 시작되어, 당신이 실망에 빠지는 것을 막아 주고, 흥분된 상태에서 제 정신을 차리도록 도와줍니다. 이런 경우에 "최선을 다하여 기도하고, 기도할 수 없다고 멈추지 마십시오."

전혀 기대하지 않은 열매

하나님의 임재를 즐길 때 종종 일어나는 일은, 하나님께서 당신을 순종하는 삶으로 인도하시는 것입니다. 당신이 과장하고 싶을 때, 다른 사람에게 심한 욕을 하고 싶을 때, 꼭 해야 할 일을 빠뜨리고 싶을 때, 하나님과의 친밀한 교제는 올바른 행동을 하도록 당신을 이끌어 줍니다. 하나님의 임재를 즐길 때 당신은 자기 탐닉의 태도를 바꿀 수 있습니다. 당신을 대적하는 사람들과 대화를 나눌 때 그들을 위해 기도하면 그들도 하나님께서 귀히 여기는 존재라는 사실을 쉽게 기억할 수 있게 되고 그들을 향해 긍휼한 마음을 가질 수 있습니다. 당신에게 초점을 맞추기보다는 하나님의 관심을 가지고 세상을 바라볼 수 있습니다.

프랭크 로바크는 하나님의 임재를 연습하는 것이 시간이 걸리기는 하지만, 진행할수록 쉬워진다고 하면서 "하나님의 임재를 수개월 혹은 수년 동안 연습하면, 하나님과 더욱 가까워진 것을 느낄 수 있습니다. 하나님께서 자기 뒤에서 떠미는 손을 더욱 강하게, 그리고 더욱 자주 느낄 수 있습니다. 그리고 앞에서 끄는 힘은 더욱 강해지는 것처럼 느껴집니다"라고 말합니다. 때로 방황하는 마음 때문에 제자리로 돌아오기도 하지만, 하나님과의 하나 됨이 곧바로 회복됩니다. "마치 근원을 알 수 없는 샘에서 물이 나오듯이 아이디어가 샘솟습니다. 이때 하나님께서는 너무나 가까이 계시기 때문에, 우리 주위에 함께 사실 뿐만 아니라, 항상 우리 안에 사십니다." 우리는 계속 하나님과 함께하는 삶을 기대하며, 그러는 가운데 하나님께서 선하시다는 사실을 맛보며 경험합니다.

나는 지금도 하나님의 임재를 즐기는 삶을 배워 가고 있습니다. 당신이 하나님과 동행하며 배운 바를 나도 배우고 싶습니다. 당신이 배우고 있는 바를 적극적으로 나누기 바랍니다.

본 출판사의 서면 허락 없이는 본서의 전부 또는
일부의 무단 복제, 또는 원문에 대한 무단 번역을 금합니다.

하나님의 임재를 즐기는 삶

초판 1쇄 발행 : 1998년 12월 26일
초판 4쇄 발행 : 2011년 6월 1일

펴낸곳 : 네비게이토 출판사 ⓒ
펴낸이 : 조 성 동
주소:120-600 서울 서대문 우체국 사서함 27호
120-836 서울시 서대문구 창천동 497
전화:334-3305(대표), 334-3037(주문), FAX:334-3119
홈페이지 : http://navpress.co.kr
출판등록:제10-111호(1973년 3월 12일)

ISBN 978-89-375-0225-5 03230